Akdeniz Lezzetleri
Denizden Sofraya, Herkes İçin Birbirinden Lezzetli Tarifler

Seda Arslan

mazmuny

deňiz önümleri lingwini 9
Pomidor sousy we zynjyr çorbasy 11
Krep we makaron 14
Balyklanan kod 16
Ak şerapdaky midiýalar 18
ukrop bilen losos 20
Ildumşak losos 22
tuna sazy 23
deňiz peýniri 24
sagdyn biftek 25
otly losos 26
Çekilen syrçaly tunes 27
çişik halibut 28
Tuna şekilli 29
Täze we gyzgyn balyk filesi 30
O'Marine gysýar 31
Haýal bişiriji Ortaýer deňzinde gowrulan sygyr eti 32
Artikok bilen haýal bişiriji Ortaýer deňzi sygyr eti 34
Owuwaş bişiriji Ortaýer deňzi stili ýukajyk gowurma 36
Haýal bişiriji et 38
Haýal bişiriji Ortaýer deňzi sygyr eti 40
Ortaýer deňzinde gowrulan doňuz eti 41
et pitsasy 44
Sygyr eti we bulgur köfteleri 47

Ajaýyp sygyr eti we brokkoli 49

Sygyr eti mekgejöwen çili.. 50

balsamik göle eti 51

Soya sousy bilen bişirilen et.. 53

Sygyr etini rozmarin bilen gowurmaly 55

Doňuz eti we pomidor sousy... 57

Towuklar 58

Mango salsa bilen Türkiýe burgerleri.. 60

Otlar bilen gowrulan hindi towugy 62

Towuk kolbasa we burç... 64

towuk pikkata... 66

Tuskan towugy 68

kapama towuk... 70

Towuk göwsi ysmanak we feta peýnir bilen dolduryl ýar........................ 72

Rozmariýa bilen gowrulan towuk budlary 74

Sogan, kartoşka, injir we käşir bilen towuk... 75

Gyros Towuk Tzatziki bilen.. 77

Musaka 79

Dijon doňuz eti we otlar... 81

Gyzyl çakyr sousy we kömelek bilen biftek 83

Grek köfte 86

Fasulye bilen guzy 88

Pomidor we balzam sousundaky towuk 90

Goňur tüwi, feta peýnir, täze nohut we nan salady................................ 92

Zeýtun we nohut bilen doldurylan tutuş däne pita 94

Hoz we Cannellini noýbasy bilen gowrulan käşir 96

Bahar ýagly towuk... 98

Bekon we goşa peýnirli towuk 100

Limon we paprika karides 102

Çörek we tagamly halibut 104

Gant bilen sogan köri 106

Hoz we bibariya bilen losos 107

Pomidor bilen çalt spagetti 109

Oregano we Çili bilen bişirilen peýnir 111

311. Gysganç italýan towugy 111

Gök önümler bilen Marokko tagine 113

Nohut we salat selderýa bilen örtülýär 115

Taýýarlanylan gök önümler 116

Pomidor bilen dolduryIan Portobello kömelekleri 118

Wilted kepderi süýji sogan bilen ýapraklary 120

Selderýa we gorçisa gök önümleri 121

Gök önümler we tofu bilen ýumurtga 122

ýönekeý zoodles 124

Enter ýüzi we pomidor ösümligi 125

Ortaýer deňziniň ösümlik tabagy 127

Bişen gök önümler we humus örtük 129

Ispan ýaşyl noýba 131

Rüsti karam we käşir hasy 132

Bişen karam we pomidor 133

Bişen acorn squash 135

Sarymsak gowrulan ysmanak 137

Sarymsak nanasy bilen gowrulan nahar 138

bugly okra 138

Süýji gök önümlerden dolduryIan burç 139

Bägül Mussaka ... 142

Gök önümlerden dolduryłan üzüm ýapraklary ... 144

panjara baklajan rulony ... 146

Çişikli gök önümler ... 148

peýnir bilen ysmanak tortlary ... 150

hyýar dişleýär ... 152

gatyk ... 153

pomidor brushetta ... 154

Zeýtun we peýnir bilen dolduryłan pomidor ... 156

burç tapenadasy ... 157

cilantro falafel ... 158

gyzyl burç humus ... 160

ak noýba ... 161

Ownuk guzy bilen Hummus ... 162

baklajanyň batyrylmagy ... 163

gök önümleri gowurmaly ... 164

Bulgur guzy köfte ... 166

hyýar dişleýär ... 168

Dolduryłan awokado ... 169

gaplanan erik ... 170

Marinirlenen feta we artokok ... 171

Tuna kroket ... 172

kakadylan losos crudite ... 174

Sitrus miweleri bilen marinirlenen zeýtun ... 175

Zeýtun tapenad ansiýalary ... 176

Gresiýaly ýumurtga ... 178

La Manča köke ... 180

Burrata Kaprese Stack 182

Limon sarymsak Aioli bilen gowrulan Zucchini Rikotta 184

Sogan bilen doldurylan hyýar 186

Geçi peýniri we maker pate 188

Ortaýer deňziniň ýag bombalarynyň tagamy 190

Awokado Gazpacho 192

Gyrgyç tort salat käseleri 194

Tarragon mämişi towuk salat gaplamasy 196

Kömelekler feta peýnir we kwino bilen doldurylýar 198

Sarymsak gatyk sousy bilen bäş düzümli falafel 200

Sarymsak zeýtun ýagy bilen limon karides 202

Limon gatyk sousy bilen çişirilen ýaşyl noýba gowurýar 204

Öýde ýasalan deňiz duzy pita çipleri 206

Bişen Spanakopita Dip 207

Bişen merjen sogan 209

gyzyl burç tapenadasy 211

Zeýtun we feta peýnir bilen grek kartoşkasynyň gaby 213

Artokok we zeýtun pita tekiz çörek 215

deñiz önümleri lingwini

Taýýarlyk wagty: 10 minut.

Nahar bişirmegiň wagty: 35 minut

Hyzmatlar: 2

Kynçylyk derejesi: Kyn

Goşundylar:

- 2 sany sarymsak, inçe kesilen
- 4 unsiýa lingwine, tutuş däne
- 1 nahar çemçesi zeýtun ýagy
- 14 unsiýa konserwirlenen we dogralan pomidor
- 1/2 nahar çemçesi ownuk çorbalar
- 1/4 käse ak şerap
- dadyp görmek üçin deňiz duzy we gara burç
- Arassalanan 6 sany alça gabygy
- 1 dýuým zolaklara kesilen 4 unsiýa tilapiýa
- 4 unsi guradylan gabyk
- 1/8 käse grated parmesan peýniri
- 1/2 çaý çemçesi marjoram, dogralan we täze

Atlar:

Suwy gazanda gaýnadyň we makaron ýumşak bolýança bişiriň, bu sekiz minut töweregi wagt alýar. Makarony süzüň we soňra ýuwuň.

Oilagy orta otda uly gowurmakda gyzdyryň we gaýnandan soň sarymsak we çorba goşuň. Oftenygy-ýygydan bulaşdyryp, bir minut bişirmeli.

Duz, çakyr, burç we pomidor goşup, gaýnatmazdan ozal ýylylygy ýokarlandyryň. Anotherene bir minut bişirmeli.

Soňra gysgyçlary goşuň, gaplaň we ýene iki minut bişirmeli.

Soňra marjoram, midýa we balyk goşuň. Balyk doly bişýänçä we gysgyçlar açylýança bişirmegi dowam etdiriň. Bäş minuda çenli wagt gerek bolar we açylmaýan gysgyçlary aýyrar.

Sousy we gysgyçlary makaronyň üstüne döküň, hyzmat etmezden ozal parmesan we marjorama sepiň. Gyzgyn hyzmat ediň.

Iýmitlenme (100 gram üçin): 329 kaloriýa 12 g ýag 10 g karb 33 g belok 836 mg natriý

Pomidor sousy we zynjyr çorbasy

Taýýarlyk wagty: 10 minut.

Nahar bişirmegiň wagty: 15 minut

Hyzmatlar: 2

Kynçylyk derejesi: Kyn

Goşundylar:

- 1 1/2 nahar çemçesi ösümlik ýagy
- 1 sany sogan sarymsak
- 10 sany goşmaça uly çorbalar, gabyklar we guýruklar aýryldy
- 3/4 nahar çemçesi barmak ululygy, grated we gabykly
- 1 ýaşyl pomidor, ýarym kesilen
- 2 erik pomidor, ýarym
- 1 nahar çemçesi limon suwy, täze
- 1/2 çaý çemçesi şeker
- 1/2 nahar çemçesi jalapeño tohumy, täze we ownuk
- 1/2 nahar çemçesi täze reyhan, dogralan
- 1/2 nahar çemçesi koriander, dogralan we täze
- 10 skewer
- dadyp görmek üçin deňiz duzy we gara burç

Atlar:

Süýjüleri azyndan ýarym sagat suwa batyryň.

Sarymsagy we zynjyry bir gaba garmaly, ýarysyny has uly tabaga geçiriň we iki nahar çemçesi ýag bilen zyňyň. Käşir goşuň we olaryň gowy örtülendigine göz ýetiriň.

Iň azyndan ýarym sagatlap gaplaň we holodilnikde goýuň, soňra sowadyň.

Grili ýokary otda gyzdyryň we panjara ýeňil ýag çalyň. Bir tabak alyň we erik we ýaşyl pomidorlary galan nahar çemçesi ýag, möwsüm duz we burç bilen zyňyň.

Pomidor panjara kesilýär we derisi gyzýar. Pomidor eti näzik bolmaly, erik pomidorlary üçin dört-alty minut, ýaşyl pomidor üçin on minut töweregi wagt gerek.

Pomidor tohumlary dolandyrmak we taşlamak üçin ýeterlik derejede salkyn bolanda derileri aýyryň. Pomidoryň derisini ownuk böleklere bölüň we ätiýaçlandyrylan zynjyr we sarymsak goşuň. Şeker, jalapeno, limon suwy we reyhan goşuň.

Käşirini duz we burç, möwsümiň üstünde sapak we her tarapa iki minut töweregi aç-açan bişirmeli. Garpyzy bir tabakda tertipläň we göwnüňizden turar.

Iýmitlenme (100 gram üçin): 391 kaloriýa 13 g ýag 11 g karb 34 g belok 693 mg natriý

Krep we makaron

Taýýarlyk wagty: 10 minut.

Nahar bişirmegiň wagty: 10 minut

Hyzmatlar: 2

Kynçylyk derejesi: orta

Goşundylar:

- 2 stakan perişde saç makaron, bişirilen
- Gabykly 1/2 funt orta karides
- 1 sany sogan sarymsak
- 1 käse dogralan pomidor
- 1 çaý çemçesi zeýtun ýagy
- 1/6 käse Kalamata zeýtun, dogralan we dogralan
- 1/8 käse reyhan, täze we inçe dilimlenen
- 1 nahar çemçesi gapak, gurady
- 1/8 käse feta peýnir
- bir çümmük gara burç

Atlar:

Makarony paketdäki görkezmelere görä bişiriň, soňra zeýtun ýagyny gazanda orta otda gyzdyryň. Sarymsagy ýarym minut bişirmeli, soňra karides goşuň. Anotherene bir minut gaýnatmaly.

Feslewi we pomidor goşuň, soňra üç minut gaýnatmaly. Pomidor ýumşak bolmaly.

Zeýtun we ýaprak goşuň. Bir çümmük gara burç goşuň we gysga garyndysyny we makaronyny bilelikde zyňyň. Hyzmat etmezden ozal peýnir sepiň.

Iýmitlenme (100 gram üçin): 357 kaloriýa 11 g ýag 9 g karb 30 g belok 871 mg natriý

Balyklanan kod

Taýýarlyk wagty: 10 minut.

Nahar bişirmegiň wagty: 25 minut

Hyzmatlar: 2

Kynçylyk derejesi: orta

Goşundylar:

- 2 kod filesi, 6 oz
- dadyp görmek üçin deňiz duzy we gara burç
- 1/4 käse gury ak şerap
- 1/4 käse deňiz önümleri çorbasy
- 2 sany sarymsak, ownuk
- 1 aýlaw ýapragy
- 1/2 çaý çemçesi adaty, täze we inçe dogralan
- Bezeg üçin 2 sany rozmarin

Atlar:

Ilki bilen ojagy 375 dereje öwüriň, soňra duz we burç bilen filetleri möwsümläň. Olary bir tabaga goýuň we çorba, sarymsak, çakyr, adaty we ýaprak ýapraklaryny goşuň. Gowy ýapyň we ýigrimi minut bişirmeli. Çeňňek bilen synag edilende balyklar ýalpak bolmaly.

Her filetini spatula bilen aýyryň, suwuklygy ýokary otda getiriň we ýarysy gutarýança bişirmeli. Bu on minut alar we köplenç garyşdyrar. Brakoner suwuklygyna siňdirilen we biberi bilen bezelen hyzmat ediň.

Iýmitlenme (100 gram üçin): 361 kaloriýa 10 g ýag 9 g karb 34 g belok 783 mg natriý

Ak şerapdaky midiýalar

Taýýarlyk wagty: 5 minut.

Nahar bişirmegiň wagty: 10 minut

Hyzmatlar: 2

Kynçylyk derejesi: Kyn

Goşundylar:

- 2 funt. Janly, täze gysgyçlar
- 1 käse gury ak şerap
- 1/4 çaý çemçesi inçe deňiz duzy
- 3 sany sarymsak, dogralan
- 2 çaý çemçesi çorbalar, dogralan
- 1/4 käse petruşka, täze we inçe kesilen, bölünen
- 2 nahar çemçesi zeýtun ýagy
- 1/4 limon, suw

Atlar:

Kolanderi çykaryň we gysgyçlary süpüriň, soňra sowuk suwuň aşagynda ýuwuň. Urlanda ýapylmaýan gabyklary taşlaň, soňra sakgalyny aýyrmak üçin gysgyç ulanyň.

Gazany aýyryň, orta otda goýuň we sarymsak, çorbalar, çakyr we petruşka goşuň. Geliň, gaýnadyň. Gaýnandan soň gysgyçlary we gapagy goşuň. Bäş-ýedi minut gaýnatmaly. Üns bermäň.

Olary çemçe bilen aýyryň we gazana limon suwuny we zeýtun ýagyny guýuň. Çorbany gowy garmaly we hyzmat etmezden ozal petruşka bilen midýanyň üstüne guýuň.

Iýmitlenme (100 gram üçin): 345 kaloriýa 9 g ýag 18 g karb 37 g belok 693 mg natriý

ukrop bilen losos

Taýýarlyk wagty: 10 minut.

Nahar bişirmegiň wagty: 15 minut

Hyzmatlar: 2

Kynçylyk derejesi: orta

Goşundylar:

- 2 sany losos filesi, hersi 6 unsiýa
- 1 nahar çemçesi zeýtun ýagy
- 1/2 mandarin, suw
- 2 çaý çemçesi mämişi gabygy
- 2 nahar çemçesi ukrop, täze we inçe dogralan
- dadyp görmek üçin deňiz duzy we gara burç

Atlar:

Peçini 375 dereje düzüň, soňra iki dýuým alýumin folga çyzyň. Duz we burç sepmezden ozal filetleriň iki tarapyny zeýtun ýagy bilen sürtüň, soňra her filetini alýumin folga bölegine goýuň.

Onuň üstüne apelsin suwuny guýuň, soňra apelsin gabygynyň we ukropyň üstüne guýuň. Balygyň buglanmagyna ýol bermek üçin folgaň içinde iki dýuým howa giňişligini goýup, bukjany bukuň, soňra çörek bişirilýän kagyzyň üstünde goýuň.

Paketleri açmazdan we iki sany tabakdan geçirmezden on bäş minut bişirmeli. Hyzmat etmezden ozal hersine sous guýuň.

Iýmitlenme (100 gram üçin): 366 kaloriýa 14 g ýag 9 g karb 36 g belok 689 mg natriý

Ildumşak losos

Taýýarlyk wagty: 8 minut.
Nahar bişirmegiň wagty: 8 minut
Hyzmatlar: 2
Kynçylyk derejesi: aňsat

Goşundylar:

- Salmon, 6 oz filet
- Limon, 2 dilim
- Kaperler, 1 nahar çemçesi
- Deňiz duzy we burç, 1/8 çemçe
- Artykmaç zeýtun ýagy, 1 nahar çemçesi

Atlar:

3 minut bişirmek üçin arassa panany orta otda goýuň. Zeýtun ýagyny bir tabaga salyň we losany doly ýapyň. Sogan, ýokary otda gazanda bişirmeli.

Sogan başyny beýleki maddalar bilen ýuwuň we iki tarapyny gowurmaly. Iki tarapyňam goňurdygyna üns beriň. Her tarapdan 3-5 minut wagt alyp biler. Sogan, wilka bilen synag arkaly bişirilendigine göz ýetiriň.

Limon pürsleri bilen hyzmat ediň.

Iýmitlenme (100 gram üçin): 371 kaloriýa 25.1 g ýag 0,9 g karb 33,7 g belok 782 mg natriý

tuna sazy

Taýýarlyk wagty: 20 minut.

Nahar bişirmegiň wagty: 20 minut

Hyzmatlar: 2

Kynçylyk derejesi: aňsat

Goşundylar:

- Tuna, 12 oz
- Greenaşyl sogan, bezeg üçin 1
- Kaliforniýa burç, ¼, dogralan
- Sirke, 1 çümmük
- Dadyp görmek üçin duz we burç
- 1 awakado ýarym kesildi we ýerleşdirildi
- Grek gatyk, 2 nahar çemçesi

Atlar:

Tunany bir tabaga sirke, sogan, gatyk, awakado we burç bilen garmaly.

Icesakymly yslary goşuň, ýaşyl sogan sogan bilen garmaly we hyzmat ediň.

Iýmitlenme (100 gram üçin): 294 kaloriýa 19 g ýag 10 g karb 12 g belok 836 mg natriý

deñiz peýniri

Taýýarlyk wagty: 12 minut.

Nahar bişirmegiň wagty: 25 minut

Hyzmatlar: 2

Kynçylyk derejesi: aňsat

Goşundylar:

- Salmon, 6 oz filet
- guradylan reyhan, 1 nahar çemçesi
- Peýnir, 2 nahar çemçesi, grated
- 1 dilimlenen pomidor
- Artykmaç zeýtun ýagy, 1 nahar çemçesi

Atlar:

375 F-da bişirmek üçin peç taýýarlaň. Alýumin folga gatlagyny çörek bişirilýän kagyzyň üstünde goýuň we nahar ýagy bilen sepiň. Sogan bilen çörek bişirilýän kagyzyna seresaplyk bilen geçiriň we galan maddalary üstüne guýuň.

Sogan, 20 minut goňur bolsun. Bäş minut sowadyň, soňra bir tabaga geçiriň. Sogan balygynyň ortasynda ýokarsyny görersiňiz.

Iýmitlenme (100 gram üçin): 411 kaloriýa 26,6 g ýag 1,6 g karb 8 g belok 822 mg natriý

sagdyn biftek

Taýýarlyk wagty: 10 minut.

Nahar bişirmegiň wagty: 20 minut

Hyzmatlar: 2

Kynçylyk derejesi: aňsat

Goşundylar:

- Zeýtun ýagy, 1 çaý çemçesi
- Halibut filesi, 8 oz
- Sarymsak, as çaý çemçesi, ownuk
- Sarymsak, 1 nahar çemçesi
- Dadyp görmek üçin duz we burç

Atlar:

Gazany gyzdyryp, ýag goşuň. Filetleri gazanyň içine orta otda gowurmaly, sarymsagy, duz we burç bilen ýagy erediň. Fillet, palto goşuň we hyzmat ediň.

Iýmitlenme (100 gram üçin): 284 kaloriýa 17 g ýag 0,2 g karb 8 g belok 755 mg natriý

otly losos

Taýýarlyk wagty: 8 minut.

Nahar bişirmegiň wagty: 18 minut

Hyzmatlar: 2

Kynçylyk derejesi: aňsat

Goşundylar:

- Salmon, 2 sany derisiz filet
- tagamly duz
- Artykmaç zeýtun ýagy, 1 nahar çemçesi
- 1 limon dilimlenen
- täze bibariya, 4 sany sogan

Atlar:

Peçini 400F çenli gyzdyryň. Folga çörek bişirilýän ýere goýuň we üstüne losos goýuň. Sogan başyny beýleki maddalar bilen ýuwuň we 20 minut bişirmeli. Derrew limon çeňňegi bilen hyzmat ediň.

Iýmitlenme (100 gram üçin): 257 kaloriýa 18 g ýag 2.7 g karb 7 g belok 836 mg natriý

Çekilen syrçaly tunes

Taýýarlyk wagty: 35 minut.

Nahar bişirmegiň wagty: 10 minut

Hyzmatlar: 2

Kynçylyk derejesi: aňsat

Goşundylar:

- Tuna, 4 oz filet
- Mämişi suwy, 1 nahar çemçesi
- Ownuk sarymsak, 1o ýorunja
- Limon suwy, as çaý çemçesi
- täze petruşka, 1 nahar çemçesi, dogralan
- Soýa sousy, 1 nahar çemçesi
- Artykmaç zeýtun ýagy, 1 nahar çemçesi
- Blackerli gara burç, ¼ çaý çemçesi
- Oregano, ¼ çaý çemçesi

Atlar:

Garyşyk jamy saýlaň we tunadan başga ähli maddalary goşuň. Gowy garmaly, soňra marinada tunany goşuň. Bu garyndyny ýarym sagat holodilnikde goýuň. Gril panany gyzdyryň we tunany her tarapynda 5 minut bişirmeli. Bişirilen hyzmat ediň.

Iýmitlenme (100 gram üçin): 200 kaloriýa 7,9 g ýag 0,3 g karb 10 g belok 734 mg natriý

çişik halibut

Taýýarlyk wagty: 20 minut.

Nahar bişirmegiň wagty: 15 minut

Hyzmatlar: 2

Kynçylyk derejesi: aňsat

Goşundylar:

- üstünde petruşka
- täze ukrop, 2 nahar çemçesi, dogralan
- Täze çaýlar, 2 nahar çemçesi, dogralan
- zeýtun ýagy, 1 nahar çemçesi
- Dadyp görmek üçin duz we burç
- Halibut, filet, 6 oz
- Limon gabygy, as çaý çemçesi, ınçe grated
- Grek gatyk, 2 nahar çemçesi

Atlar:

Peçini 400F çenli gyzdyryň. Alýumin folga bilen çörek bişirilýän çyzygy çyzyň. Ingredhli maddalary giň tabaga salyň we filetini marinat ediň. Filleti ýuwuň we guradyň; soň ojakda goýuň we 15 minut bişirmeli.

Iýmitlenme (100 gram üçin): 273 kaloriýa 7.2 g ýag 0,4 g karb 9 g belok 783 mg natriý

Tuna şekilli

Taýýarlyk wagty: 15 minut.

Nahar bişirmegiň wagty: 10 minut

Hyzmatlar: 2

Kynçylyk derejesi: aňsat

Goşundylar:

- Gumurtga, ½
- Sogan, 1 nahar çemçesi, dogralan
- selderiniň ýokarsy
- Dadyp görmek üçin duz we burç
- Sarymsak, 1 ýorunja, ownuk
- Konserwlenen Tuna, 7 oz
- Grek gatyk, 2 nahar çemçesi

Atlar:

Tunany süzüň, soňra sarymsak, duz we burç bilen ýumurtga we gatyk goşuň.

Bir tabakda bu garyndyny sogan bilen garmaly we patties emele getiriň. Uly tabak alyň we burgerleri her tarapa 3 minut gowurmaly. Zeýreniň we hyzmat ediň.

Iýmitlenme (100 gram üçin): 230 kaloriýa 13 g ýag 0,8 g karb 10 g belok 866 mg natriý

Täze we gyzgyn balyk filesi

Taýýarlyk wagty: 14 minut.

Nahar bişirmegiň wagty: 14 minut

Hyzmatlar: 2

Kynçylyk derejesi: aňsat

Goşundylar:

- Sarymsak, 1 ýorunja, ownuk
- Limon suwy, 1 nahar çemçesi
- Goňur şeker, 1 nahar çemçesi
- Halibut filesi, 1 kilo
- Dadyp görmek üçin duz we burç
- Soýa sousy, ¼ çaý çemçesi
- Sarymsak, 1 çaý çemçesi
- Grek gatyk, 2 nahar çemçesi

Atlar:

Grili orta otda gyzdyryň. Bir tabaga ýag, şeker, gatyk, limon suwy, soýa sousy we ysly zatlary garmaly. Garyndyny gazanda gyzdyryň. Gril wagtynda biftekiňizi gözlemek üçin bu garyndyny ulanyp bilersiňiz. Gyzgyn hyzmat ediň.

Iýmitlenme (100 gram üçin): 412 kaloriýa 19,4 g ýag 7,6 g karb 11 g belok 788 mg natriý

O'Marine gysýar

Taýýarlyk wagty: 20 minut.

Nahar bişirmegiň wagty: 10 minut

Hyzmatlar: 2

Kynçylyk derejesi: aňsat

Goşundylar:

- Musseller, ýuwuldy we çykaryldy, 1 f
- Kokos süýdü, ½ käse
- Kaýen burç, 1 çaý çemçesi
- Täze limon suwy, 1 nahar çemçesi
- Sarymsak, 1 çaý çemçesi, ownuk
- Üsti üçin täze kesilen koriander
- Goňur şeker, 1 çaý çemçesi

Atlar:

Bir jamda midýadan başga ähli maddalary garmaly. Garyndy gyzdyrylýar we gaýnadylýar. Midiýalary goşuň we 10 minut bişirmeli. Gaýnadylan suwuklyk bilen tabakda hyzmat ediň.

Iýmitlenme (100 gram üçin): 483 kaloriýa 24,4 g ýag 21,6 g karb 1,2 g belok 499 mg natriý

Haýal bişiriji Ortaýer deňzinde gowrulan sygyr eti

Taýýarlyk wagty: 10 minut.
Nahar bişirmegiň wagty: 10 sagat 10 minut
Hyzmatlar: 6
Kynçylyk derejesi: orta

Goşundylar:

- 3 kilo çorbanyň gowurmasy, süňksiz
- 2 çaý çemçesi bibariya
- ½ käse pomidor, gün guradylan we dogralan
- 10 sany sogan sarymsak
- ½ käse sygyr çorbasy
- 2 nahar çemçesi balzam sirkesi
- ¼ käse dogralan täze italýan petruşkasy
- ¼ käse dogralan zeýtun
- 1 çaý çemçesi limon gabygy
- ¼ käse kottej

Atlar:

Sarymsagy, gün bilen guradylan pomidorlary we gowrulan sygyr etini haýal ojakda goýuň. Sygyr etiniň çorbasyny we biberi goşuň. Gazany ýapyň we pes otda 10 sagat bişirmeli.

Nahar bişirilenden soň, eti aýyryň we kesiň. Fatagy taşlaň. Parçalanan eti haýal ojakda gaýtaryň we 10 minut gaýnadyň. Limon zestini, petruşkany we zeýtunlary ownuk gaba garmaly. Garyndyny hyzmat edýänçä sowadyň. Sowadylan garyndy bilen bezeliň.

Makaron ýa-da ýumurtga nahary bilen hyzmat ediň. Üstüni grated peýnir bilen ýaýlaň.

Iýmitlenme (100 gram üçin): 314 kaloriýa 19 g ýag 1 g karb 32 g belok 778 mg natriý

Artikok bilen haýal bişiriji Ortaýer deňzi sygyr eti

Taýýarlyk wagty: 3 sagat 20 minut
Nahar bişirmegiň wagty: 7 sagat 8 minut
Hyzmatlar: 6
Kynçylyk derejesi: aňsat

Goşundylar:

- Nahar üçin 2 kilo sygyr eti
- 14 oz artokok ýürek
- 1 nahar çemçesi üzüm tohumy ýagy
- 1 inçe dogralan sogan
- 32 oz sygyr çorbasy
- 4 sany sarymsak, grated
- 14½ un konserwirlenen pomidor, kesilen
- 15 oz pomidor sousy
- 1 çaý çemçesi guradylan oregano
- ½ käse çaýylan, dogralan zeýtun
- 1 çaý çemçesi guradylan petruşka
- 1 çaý çemçesi guradylan oregano
- As çaý çemçesi ýer kimini
- 1 çaý çemçesi guradylan reyhan
- 1 aýlaw ýapragy
- ½ çaý çemçesi duz

Atlar:

Uly taýak däl gowurma azajyk ýag guýuň we orta derejä gyzdyryň. Etiň iki tarapynda goňur bolýança gowurmaly. Eti haýal ojakda geçiriň.

Çorba, dogralan pomidor, pomidor sousy, duz goşuň we garmaly. Sygyr etiniň çorbasy, dogralan pomidor, oregano, zeýtun, reyhan, petruşka, aýlag ýapraklary we kimyon. Garyndyny gowy garmaly.

Lowapyp, pes otda 7 sagat bişirmeli. Hyzmat edende aýlag ýapragyny taşlaň. Gyzgyn hyzmat ediň.

Iýmitlenme (100 gram üçin): 416 kaloriýa 5 g ýag 14,1 g karb 29,9 g belok 811 mg natriý

Owuwaş bişiriji Ortaýer deňzi stili ýukajyk gowurma

Taýýarlyk wagty: 30 minut.

Nahar bişirmek wagty: 8 sagat.

Hyzmatlar: 10

Kynçylyk derejesi: Kyn

Goşundylar:

- 4 kilo tegelek gowrulan däne
- 4 sany sarymsak
- 2 çaý çemçesi zeýtun ýagy
- 1 çaý çemçesi täze ýer gara burç
- 1 käse dogralan sogan
- 4 käşir, inçe kesilen
- 2 çaý çemçesi guradylan biberi
- 2 sapak selderýa, dogralan
- 28 oz pomidor ezip biler
- 1 stakan az natriý sygyr çorbasy
- 1 käse gyzyl çakyr
- 2 çaý çemçesi duz

Atlar:

Bişen sygyr etini duz, sarymsak we burç bilen möwsümläň we bir gapdalda goýuň. Stickagy taýak däl gaba guýuň we orta ýokary otda gyzdyryň. Et goşuň we her tarapdan gyzarýança bişirmeli.

Indi gowrulan sygyr etini 6 kwartaly haýal ojakda geçiriň. Gazana käşir, sogan, bibariýa we selderýa goşuň. Sogan we gök önümler ýumşaýança bişirmeli.

Bu gök önüm garyndysyna pomidor we şerap goşuň. Sygyr etiniň çorbasyny we pomidor garyndysyny gök önüm garyndysy bilen haýal ojakda goşuň. Gaplaň we pes otda 8 sagat bişirmeli.

Et bişirilende, haýal ojakdan çykaryň we kesiş tagtasyna goýuň we alýumin folga bilen örtüň. Sousy galyňlaşdyrmak üçin, gazana geçiriň we islenýän yzygiderlilige ýetýänçä gaýnadyň. Hyzmat etmezden ozal ýagy taşlaň.

Iýmitlenme (100 gram üçin): 260 kaloriýa 6 g ýag 8,7 g karb 37,6 g belok 588 mg natriý

Haýal bişiriji et

Taýýarlyk wagty: 10 minut.

Nahar bişirmegiň wagty: 6 sagat 10 minut

Hyzmatlar: 8

Kynçylyk derejesi: orta

Goşundylar:

- 2 kilo ýer bisony
- 1 sany grated gök
- 2 sany uly ýumurtga
- Zerur zeýtun ýagyny bişirmek üçin spreý
- 1 nahar, grated
- ½ käse petruşka, täze, dogralan
- ½ käse Parmesan peýniri, grated
- 3 nahar çemçesi balzam sirkesi
- 4 sany sarymsak, grated
- 2 nahar çemçesi dogralan sogan
- 1 nahar çemçesi guradylan oregano
- ½ çaý çemçesi ýer gara burç
- As çaý çemçesi köşer duzy
- Geýinmek üçin:
- ¼ käse bölek mozzarella peýniri
- ¼ şekersiz käse pomidor sousy
- ¼ käse täze dogralan petruşka

Atlar:

Alty kwartaly haýal bişirijiniň içini alýumin folga bilen çyzyň.

Taýak däl nahar ýagy bilen sepiň.

Uly tabakda ýer bisony ýa-da goşmaça ýukajyk sirloin, gök, ýumurtga, petruşka, balzam sirkesi, sarymsak, guradylan oregano, deňiz ýa-da köşer duzy, dogralan guradylan sogan we ýer gara burçuny birleşdiriň.

Bu garyndyny haýal ojakda goýuň we uzyn şekilli çörege öwüriň.

Gazanyň gapagyny ýapyň, gaýnadyň we 6 sagat bişirmeli. Nahar bişirilenden soň, gazany açyň we pomidor sousyny etiň üstüne ýaýyň.

Indi pomidor sousunyň üstüne peýniri täze gatlak edip goýuň we haýal ojagy ýapyň. Et etini iki gatyň üstünde takmynan 10 minut oturyň ýa-da peýnir eräp başlaýança goýuň. Täze petruşka we grated mozzarella peýniri bilen bezeliň.

Iýmitlenme (100 gram üçin): 320 kaloriýa 2 g ýag 4 g karb 26 g belok 681 mg natriý

Haýal bişiriji Ortaýer deňzi sygyr eti

Taýýarlyk wagty: 10 minut.

Nahar bişirmek wagty: 13 sagat.

Hyzmatlar: 6

Kynçylyk derejesi: orta

Goşundylar:

- 3 kilo gowrulan gowrulan sygyr
- As çaý çemçesi sogan sogan
- As çaý çemçesi gara burç
- 3 stakan az natriý sygyr çorbasy
- 4 çaý çemçesi salat geýim garyndysy
- 1 aýlaw ýapragy
- 1 nahar çemçesi ownuk sarymsak
- Inçe zolaklara kesilen 2 sany gyzyl jaň burç
- 16 oz pepperoncino
- 8 Sargento provolon dilimleri, inçe
- 2 unsiýa glýutsiz çörek
- ½ çaý çemçesi duz
- <u>Möwsüm üçin:</u>
- 1½ nahar çemçesi sogan sogan
- 1½ nahar çemçesi sarymsak tozy
- 2 nahar çemçesi guradylan petruşka
- 1 nahar çemçesi stewiýa
- As çaý çemçesi guradylan kekik

- 1 nahar çemçesi guradylan oregano
- 2 nahar çemçesi gara burç
- 1 nahar çemçesi duz
- 6 dilim peýnir

Atlar:

Käşirleri kagyz polotensasy bilen süpüriň. Gara burç, sogan, poroşok we duzy ownuk gaba garmaly we garyndyny gowurmaly. Tejribeli gowurmany haýal ojakda goýuň.

Çorbany, salat geýim garyndysyny, aýlag ýapraklaryny we sarymsagy haýal ojakda goşuň. Seresaplyk bilen garyşdyryň. Möhürläň we 12 sagat gaýnadyň. Nahar bişirilenden soň aýlag ýapragyny aýyryň.

Bişen eti çykaryň we eti kesiň. Grated eti çalyşyň we paprika goşuň we. Haýal ojakda jaň burçuny we pepperoncino goşuň. Gazanyň gapagyny ýapyň we pes otda 1 sagat bişirmeli. Hyzmat etmezden ozal her bulguryň ýokarsyny 3 un et garyndysy bilen ýuwuň. Üstüne bir bölek peýnir ýaýlaň. Suwuk sousy sous hökmünde ulanyp bolýar.

Iýmitlenme (100 gram üçin): 442 kaloriýa 11,5 g ýag 37 g karb 49 g belok 735 mg natriý

Ortaýer deňzinde gowrulan doňuz eti

Taýýarlyk wagty: 10 minut.

Nahar bişirmegiň wagty: 8 sagat 10 minut

Hyzmatlar: 6

Kynçylyk derejesi: orta

Goşundylar:

- 2 nahar çemçesi zeýtun ýagy
- Doňuz etinden 2 kilo
- As çaý çemçesi paprika
- ¾ käse towuk çorbasy
- 2 çaý çemçesi guradylan adaty
- ½ nahar çemçesi ownuk sarymsak
- ¼ çaý çemçesi guradylan marjoram
- ¼ çaý çemçesi guradylan bibariya
- 1 çaý çemçesi oregano
- ¼ çaý çemçesi guradylan kekik
- 1 çaý çemçesi reyhan
- ¼ çaý çemçesi köşer duzy

Atlar:

Çorbany, ýagy, duzy we ysly zatlary ownuk gaba garmaly. Zeýtun ýagyny bir tabaga guýuň we orta ýokary temperaturada gyzdyryň. Doňuz etini we panjara goşuň, her tarapdan gyzarýançaňyz.

Nahar bişirilenden soň, doňuz etini aýyryň we ähli gowurmany pyçak bilen deşiň. Dogralan gowrulan doňuz etini 6 kwartaly gazana goýuň. Indi ownuk garyndydan suwuk garyndyny tutuş gowurmanyň üstüne guýuň.

Gazany we bugy 8 sagat möhürläň. Nahar bişirilenden soň, gazandan kesiji tagta çykaryň we kesiň. Soňra doňuz etini haýal ojakda gaýtaryň. Anotherene 10 minut gaýnatmaly. Feta peýnir, pita çöregi we pomidor bilen hyzmat ediň.

Iýmitlenme (100 gram üçin): 361 kaloriýa 10,4 g ýag 0,7 g karb 43,8 g belok 980 mg natriý

et pitsasy

Taýýarlyk wagty: 20 minut.
Nahar bişirmegiň wagty: 50 minut
Hyzmatlar: 10
Kynçylyk derejesi: Kyn

Goşundylar:

- <u>Gabyk üçin:</u>
- 3 stakan ähli maksatly un
- 1 çemçe şeker
- 2¼ çaý çemçesi işjeň gury hamyrmaýa
- 1 çaý çemçesi duz
- 2 nahar çemçesi zeýtun ýagy
- 1 stakan ýyly suw
- <u>Gaplaň:</u>
- 1 kllo sygyr eti
- 1 orta gyzyl sogan, inçe kesilen
- 2 nahar çemçesi pomidor pastasy
- 1 nahar çemçesi ýer kimyon
- Islenilişi ýaly duz we ýer gara burç
- ¼ käse suw
- 1 käse dogralan täze ysmanak
- 8 unsi artikok ýürekleri
- 4 unsiýa täze kömelek, dilimlenen

- 2 pomidor, dogralan
- 4 unsiýa feta peýnir

Atlar:

Gabyk üçin:

Hamyr çeňňegini ulanyp, uny, şekeri, hamyry we duzy garyjy mikser bilen garmaly. 2 nahar çemçesi ýag we ýyly suw goşuň we tekiz, elastik hamyr bolýança ýumuň.

Hamyry topa öwüriň we takmynan 15 minut dynç alyň.

Hamyry ýeňil ýumrulan ýere goýuň we tegelege öwüriň. Hamyry az ýagly tegelek pizza panasyna salyň we sazlamak üçin ýuwaşlyk bilen basyň. 10-15 minut töweregi dursun. Gabyny azajyk ýag bilen ýuwuň. Peçini 400F çenli gyzdyryň.

Gaplaň:

Eti taýak däl gazanda orta ýokary otda 4-5 minut gowurmaly. Sogan bilen garmaly we ýygy-ýygydan 5 minut töweregi bişirmeli. Pomidor pastasy, kimyon, duz, gara burç we suw goşup, garmaly.

Heatylylygy ortaça peseldiň we takmynan 5-10 minut bişirmeli. Heatylylykdan aýyryň we bir gapdalda goýuň. Et garyndysyny pitsanyň düýbüne we üstüne ysmanak bilen çemçe, soňra artokok, kömelek, pomidor we feta.

Peýnir eränçä bişiriň. Peçden çykaryň we dilimlemezden 3-5 minut dynç alyň. Islenýän ululykdaky böleklere bölüň we hyzmat ediň.

Iýmitlenme (100 gram üçin): 309 kaloriýa 8,7 g ýag 3,7 g karb 3,3 g belok 732 mg natriý

Sygyr eti we bulgur köfteleri

Taýýarlyk wagty: 20 minut.

Nahar bişirmegiň wagty: 28 minut

Hyzmatlar: 6

Kynçylyk derejesi: orta

Goşundylar:

- ¾ käse çig bulgur
- 1 kilo sygyr eti
- ¼ käse dogralan çorbalar
- ¼ käse dogralan täze petruşka
- As çaý çemçesi toprak
- As çaý çemçesi ýer kimini
- ½ çaý çemçesi ýer darçyny
- ¼ çaý çemçesi ezilen gyzyl burç çemçe
- Zerur bolanda duz goşuň
- 1 nahar çemçesi zeýtun ýagy

Atlar:

Bulgury uly bir tabakda sowuk suwa 30 minut çemçe. Bulgury gowy suwlaň, artykmaç suwy aýyrmak üçin eliňiz bilen gysyň. Bulgur, sygyr eti, sogan, petruşka, ysly zatlar, duz we impulslary iýmit prosessorynda ýumşaýança garmaly.

Garyndyny bir tabaga goýuň we 30 minut töweregi sowadyň. Sowadyjydan çykaryň we et garyndysyny deň ölçegdäki toplara öwüriň. Uly bolmadyk skeletde, ýagy orta ýokary otda gyzdyryň we köplenç 13-14 minut töweregi köfte bişiriň. Gyzgyn hyzmat ediň.

Iýmitlenme (100 gram üçin): 228 kaloriýa 7,4 g ýag 0,1 g karb 3,5 g belok 766 mg natriý

Ajaýyp sygyr eti we brokkoli

Taýýarlyk wagty: 10 minut.

Nahar bişirmegiň wagty: 15 minut

Hyzmatlar: 4

Kynçylyk derejesi: aňsat

Goşundylar:

- 1 we ½ funt. gapdal dilim
- 1 nahar çemçesi. zeýtun ýagy
- 1 nahar çemçesi. tamari sousy
- 1 käse sygyr çorbasy
- 1 kilo brokkoli, güller aýryldy

Atlar:

Biftek zolaklaryny ýag we tamari bilen zyňyň, garmaly we 10 minut oturyň. Saute rejesinde dessine gazany saýlaň, sygyr zolaklaryny ýerleşdiriň we her tarapynda 4 minut gözläň. Çorbany goşuň, gazany ýene ýapyň we ýokary otda 8 minut bişirmeli. Brokkoli goşuň, ýapyň we ýokary otda ýene 4 minut bişirmeli. Hemme zady tabaklara bölüň we hyzmat ediň. Lezzet al!

Iýmitlenme (100 gram üçin): 312 kaloriýa 5 g ýag 20 g karb 4 g belok 694 mg natriý

Sygyr eti mekgejöwen çili

Taýýarlyk wagty: 8-10 minut.
Nahar bişirmegiň wagty: 30 minut
Hyzmatlar: 8
Kynçylyk derejesi: orta

Goşundylar:

- 2 ownuk sogan, inçejik dogralan
- ¼ käse konserwirlenen mekgejöwen
- 1 nahar çemçesi ýag
- 10 unsiýa sygyr eti
- 2 sany ownuk çilim, kesilen

Atlar:

Derrew gazany açyň. "Geç" düwmesine basyň. Oilag guýuň, soňra sogan, çili we et goşuň; aç-açan we ýumşak bolýança bişirmeli. Gazana 3 stakan suw guýuň; gowy garmaly.

Gapagy ýapyň. "MEAT / ROAST" opsiýasyny saýlaň. Hasaplaýjyny 20 minut düzüň. Taýmer nola gidýänçä bişirsin.

Takmynan 8-10 minutlap tebigy basyşy gazanmak üçin "ANCALAN", soňra "NPR" düwmesine basyň. Tabagy açyň we hyzmat ediş tabaklaryna ýerleşdiriň. Gatnaşyň.

Iýmitlenme (100 gram üçin): 94 kaloriýa 5 g ýag 2 g karb 7 g belok 477 mg natriý

balsamik göle eti

Taýýarlyk wagty: 5 minut.

Nahar bişirmegiň wagty: 55 minut

Hyzmatlar: 8

Kynçylyk derejesi: orta

Goşundylar:

- 3 kilo gowurma
- 3 sany sarymsak, inçejik dilimlenen
- 1 nahar çemçesi ýag
- 1 çaý çemçesi tagamly sirke
- As çaý çemçesi burç
- As çaý çemçesi biberi
- 1 nahar çemçesi ýag
- As çaý çemçesi kekik
- ¼ käse balzam sirkesi
- 1 käse sygyr çorbasy

Atlar:

Gyzdyrylan bölekleri kesip, dilimlenen sarymsagy dolduryň. Tagamly sirkäni, biberi, burç we kekini garmaly we garyndyny gowurmaly. Gazany Saute re modeiminde saýlaň we ýagda garmaly, gyzdyryň. Bişeniň iki tarapyny gowurmaly.

Aýyryň we bir gapdalda goýuň. Butterag, çorba, balzam sirkesi goşup, gazany süzüň. Bişirilen zatlary gaýtaryň, gapagyny ýapyň we 40 minut ýokary derejede bişirmeli.

Çalt goýberiň. Gatnaş!

Iýmitlenme (100 gram üçin): 393 kaloriýa 15 g ýag 25 g karb 37 g belok 870 mg natriý

Soýa sousy bilen bişirilen et

Taýýarlyk wagty: 8 minut.

Nahar bişirmegiň wagty: 35 minut

Bölümler: 2-3

Kynçylyk derejesi: orta

Goşundylar:

- Be çaý çemçesi sygyr çorbasy
- 1 as çaý çemçesi bibariýa
- As çaý çemçesi ownuk sarymsak
- 2 kilo gowrulan sygyr eti
- 1/3 käse soýa sousy

Atlar:

Soýa sousyny, çorbany, biberi we sarymsagy bir tabaga garmaly.

Derrew gazany açyň. Bişirip, ýapmak üçin ýeterlik suw guýuň; gowy garmak üçin ýuwaşlyk bilen garmaly. Gowy ýapalyň.

"Et / STEILED" nahar bişirmek funksiýasyna basyň; basyş derejesini "HIGHOK" edip, bişirmek wagtyny 35 minuta düzüň. Goşundylary bişirmek üçin basyşa ýol beriň. Doneerine ýetirilenden soň, "CANCEL" düwmesine basyň we basyşy tebigy ýagdaýda boşatmak üçin "NPR" bişirmek funksiýasyna basyň.

Gapagy ýuwaş-ýuwaşdan açyň we eti döwüň. Parçalanan eti gazanyň garyndysyna garmaly we gowy garmaly. Tabaklara hyzmat ediň. Gyzgyn hyzmat ediň.

Iýmitlenme (100 gram üçin): 423 kaloriýa 14 g ýag 12 g karb 21 g belok 884 mg natriý

Sygyr etini rozmarin bilen gowurmaly

Taýýarlyk wagty: 5 minut.

Nahar bişirmegiň wagty: 45 minut

Bölümler: 5-6

Kynçylyk derejesi: orta

Goşundylar:

- 3 kilo gowrulan sygyr eti
- 3 sany sarymsak
- ¼ käse balzam sirkesi
- 1 sany täze biberi
- 1 sany täze kekik
- 1 käse suw
- 1 nahar çemçesi ösümlik ýagy
- Dadyp görmek üçin duz we burç

Atlar:

Bişen sygyr etini dilimlere bölüň we sarymsak gabygyny üstünde goýuň. Bişirilen otlary, gara burç we duz bilen sürtüň. Derrew gazany bugda gyzdyryň we ýag guýuň. Gyzgyn bolanda, gowrulan sygyr etini garmaly we her tarapdan goňur bolýança gowurmaly. Galan maddalary goşuň; ýuwaşlyk bilen garmaly.

Gaty ýapyň we el bilen düzülende 40 minut ýokary otda bişirmeli. Basyşyň takmynan 10 minutlap tebigy ýagdaýda çykmagyna rugsat beriň. Bişen sygyr etini ýapyň we tabaklara, dilimlere we hyzmat ediň.

Iýmitlenme (100 gram üçin): 542 kaloriýa 11,2 g ýag 8,7 g karb 55,2 g belok 710 mg natriý

Doñuz eti we pomidor sousy

Taýýarlyk wagty: 10 minut.

Nahar bişirmegiň wagty: 20 minut

Hyzmatlar: 4

Kynçylyk derejesi: aňsat

Goşundylar:

- 4 sany doñuz eti
- 1 nahar çemçesi soýa sousy
- ¼ çaý çemçesi künji ýagy
- 1 we ½ käse pomidor püresi
- 1 sary sogan
- 8 kömelek, dilimlenen

Atlar:

Doñuz etiniň dilimlerini soýa sousy we künji ýagy bilen bir gaba garmaly, garmaly we 10 minut durmaly. Gözleg tertibini, doñuz etini goşuň we iki gapdalynda 5 minut gözläň. Sogan goşup, ýene 1-2 minut bişirmeli. Pomidor pastasy we kömelek goşuň, garmaly, ýapyň we ýokary otda 8-9 minut bişirmeli. Hemme zady tabaklara bölüň we hyzmat ediň. Lezzet al!

Iýmitlenme (100 gram üçin): 300 kaloriýa 7 g ýag 18 g karb 4 g belok 801 mg natriý

Towuklar

Taýýarlyk wagty: 10 minut.
Nahar bişirmegiň wagty: 18 minut
Hyzmatlar: 5
Kynçylyk derejesi: Kyn

Goşundylar:

- towuk üçin:
- 2 ýumurtga
- Islenilişi ýaly duz we ýer gara burç
- 1 stakan gury çörek
- 2 nahar çemçesi zeýtun ýagy
- 1½ funt süňksiz, derisiz towuk göwsi, dykylan we kesilen ¾ dýuým galyňlyk
- Kaper sousy üçin:
- 3 nahar çemçesi gap
- ½ käse gury ak şerap
- 3 nahar çemçesi täze limon suwy
- Islenilişi ýaly duz we ýer gara burç
- 2 nahar çemçesi dogralan täze petruşka

Atlar:

Towuk üçin: shalluwaş ýumurtga, duz we gara burç goşup, gowy uruň. Çörek böleklerini başga bir çuň gaba goýuň. Towuk böleklerini ýumurtga garyndysyna batyryň, soňra çörek bölekleri bilen deň derejede örtüň. Artykmaç çörek böleklerini sokuň.

Mediumagy orta otda gyzdyryň we towuk böleklerini her tarapa 5-7 minut gowurmaly ýa-da ýumşaýança gowurmaly. Towuk böleklerini kagyz polotensalary bilen örtülen tabaga goýuň. Towuk böleklerini ýyly saklamak üçin alýumin folga bölegi bilen ýapyň.

Şol bir tabakda, petruşkadan başga ähli souslary goşuň we takmynan bişirmeli. üznüksiz garyşdyrmak bilen 2-3 minutlap. Petruşkany goşuň we otdan çykaryň. Towuk bölekleri kaper sousy bilen berilýär.

Iýmitlenme (100 gram üçin): 352 kaloriýa 13,5 g ýag 1,9 g karb 1,2 g belok 741 mg natriý

Mango salsa bilen Türkiýe burgerleri

Taýýarlyk wagty: 15 minut.

Nahar bişirmegiň wagty: 10 minut

Hyzmatlar: 6

Kynçylyk derejesi: aňsat

Goşundylar:

- 1½ kilo towuk göwsi
- 1 çaý çemçesi deňiz duzy, bölünýär
- ¼ çaý çemçesi täze ýer gara burç
- 2 nahar çemçesi goşmaça bakja zeýtun ýagy
- 2 mango, gabykly, gabykly we kesilen
- ½ gyzyl sogan, inçe kesilen
- 1 hek şiresi
- 1 sany sogan sarymsak
- ½ jalapeño burç, tohumly we dogralan
- 2 nahar çemçesi dogralan täze koriander ýapraklary

Atlar:

Kepjebaş döşüni 4 çaý çemçesi deňiz duzy we burç bilen 4 patta we möwsüme öwüriň. Zeýtun ýagyny ýalpyldaýança taýak däl gazanda gyzdyryň. Kepjäni goşup, altyn goňur bolýança, her gapdalynda 5 minut gowurmaly. Burgerler nahar bişirip ýörkä, mangony, gyzyl sogan, hek şiresi, sarymsak, jalapeño, silantro we galan bir çaý çemçesi deňiz duzuny birleşdiriň. Sousy hindi towugynyň üstüne guýuň we hyzmat ediň.

Iýmitlenme (100 gram üçin): 384 kaloriýa 3 g ýag 27 g karb 34 g belok 692 mg natriý

Otlar bilen gowrulan hindi towugy

Taýýarlyk wagty: 15 minut.

Nahar bişirmegiň wagty: 1 ýarym sagat (goşmaça 20 minut dynç)

Hyzmatlar: 6

Kynçylyk derejesi: orta

Goşundylar:

- 2 nahar çemçesi goşmaça bakja zeýtun ýagy
- 4 sany sarymsak, dogralan
- 1 limonyň görnüşi
- 1 nahar çemçesi dogralan täze kekik ýapraklary
- 1 nahar çemçesi dogralan täze bibariýa ýapraklary
- 2 nahar çemçesi täze italýan petruşka ýapraklary
- 1 çaý çemçesi gorçisa
- 1 çaý çemçesi deňiz duzy
- ¼ çaý çemçesi täze ýer gara burç
- 1 (6 kilo) süňkli, deride hindi towugy
- 1 käse gury ak şerap

Atlar:

Peçini 325 ° F çenli gyzdyryň. Zeýtun ýagyny, sarymsagy, limon görnüşini, kekini, biberi, petruşkany, gorçisa, deňiz duzuny we burçuny garmaly. Ösümlik garyndysyny hindi towugynyň ýüzüne deň derejede ýaýlaň, derini gowşadyň we aşagyna sürtüň.

Kepjebaş göwüsini çörek bişirilýän tabaga, deriniň ýokarsyna goýuň.

Şeraby gazana guýuň. Kepjäniň içki gyzgynlygy 165 F-a ýetýänçä, 1-den 1,5 sagada çenli gowurmaly. Peçden çykaryň we oýmazdan ozal ýyly bolmagy üçin folga bilen örtülen 20 minut goýuň.

Iýmitlenme (100 gram üçin): 392 kaloriýa 1 g ýag 2 g karb 84 g belok 741 mg natriý

Towuk kolbasa we burç

Taýýarlyk wagty: 10 minut.

Nahar bişirmegiň wagty: 20 minut

Hyzmatlar: 6

Kynçylyk derejesi: orta

Goşundylar:

- 2 nahar çemçesi goşmaça bakja zeýtun ýagy
- 6 italýan towuk kolbasa baglanyşygy
- 1 sogan
- 1 gyzyl jaň burç
- 1 ýaşyl jaň burç
- 3 sany sarymsak inçejik dogralan
- ½ käse gury ak şerap
- As çaý çemçesi deňiz duzy
- ¼ çaý çemçesi täze ýer gara burç
- 1 çümmük gyzyl burç çemçe

Atlar:

Zeýtun ýagyny ýalpyldawuk bolýança uly gazanda gyzdyryň. Kolbasa goşuň we içini 165 ° F ýetýänçä, wagtal-wagtal öwrüp, 5-7 minut bişirmeli. Dişleri ulanyp, kolbasany gazandan çykaryň we pergament bilen örtülen tabaga goýuň. Warmylylygy saklamak üçin alýumin.

Gazany gyzdyryp, sogan, gyzyl jaň burç we ýaşyl jaň burçuny garmaly. Gök önümler goňur bolýança wagtal-wagtal garmaly. Sarymsagy goşup, yzygiderli garyşdyryp, 30 sekunt bişirmeli.

Şeraba, deňiz duzuna, burç we gyzyl burç çemçe goşuň. Gazanyň aşagyndan çykarylan böleklere bölüň. Suwuklyk ýarym azalýança, ýene 4 minut gaýnadyň. Kolbasa üstüne paprika guýuň we hyzmat ediň.

Iýmitlenme (100 gram üçin):173 kaloriýa 1 g ýag 6 g karb 22 g belok 582 mg natriý

towuk pikkata

Taýýarlyk wagty: 10 minut.

Nahar bişirmegiň wagty: 15 minut

Hyzmatlar: 6

Kynçylyk derejesi: orta

Goşundylar:

- Wheat bugdaý uny
- As çaý çemçesi deňiz duzy
- 1/8 çaý çemçesi täze ýer gara burç
- 1 kilo towuk göwsi, 6 bölege bölünýär
- 3 nahar çemçesi goşmaça bakja zeýtun ýagy
- 1 stakan duzlanmadyk towuk çorbasy
- ½ käse gury ak şerap
- 1 limonyň şiresi
- 1 limonyň görnüşi
- ¼ käse gapaklary, suw guýuň we ýuwuň
- ¼ käse dogralan täze petruşka ýapraklary

Atlar:

Uny, deňiz duzuny we burçuny tekiz gaba garmaly. Towuk göwüsini un bilen sürtüň we artykmaç zady silkitiň. Zeýtun ýagyny goňur bolýança bişirmeli.

Towugy goşuň we takmynan goşuň. 4 minut gowurmaly. Towugy gazandan çykaryň we ýyly bolmagy üçin folga bilen örtüň.

Gazany oda gaýtaryň we çorba, çakyr, limon suwy, limon görnüşi we kepir goşuň. Gazanyň aşagyndaky reňkli böleklere bukmak üçin çemçeň bir tarapyny ulanyň. Suwuklyk galyň bolýança pes otda bişirmeli. Gazany otdan çykaryň we towugy tabaga geçiriň. Coverapmak üçin süýşüriň. Petruşkany goşup, hyzmat et.

Iýmitlenme (100 gram üçin):153 kaloriýa 2 g ýag 9 g karb 8 g belok 692 mg natriý

Tuskan towugy

Taýýarlyk wagty: 10 minut.
Nahar bişirmegiň wagty: 25 minut
Hyzmatlar: 6
Kynçylyk derejesi: Kyn

Goşundylar:

- ¼ käse goşmaça bakja zeýtun ýagy, bölünýär
- Pound dýuým böleklere bölünen 1 funt süňksiz, derisiz towuk göwsi
- 1 inçe dogralan sogan
- 1 gyzyl jaň burç, dogralan
- 3 sany sarymsak inçejik dogralan
- ½ käse gury ak şerap
- 1 (14 unsiýa) ezilen pomidor, suwy däl
- 1 (14 oz.) Dogralan pomidor, guradylan
- 1 (14 oz.) Deňiz noýbasy, suwy
- 1 nahar çemçesi gury italýan tagamly garyndysy
- As çaý çemçesi deňiz duzy
- 1/8 çaý çemçesi täze ýer gara burç
- 1/8 çaý çemçesi gyzyl burç çemçe
- ¼ käse dogralan täze reyhan ýapraklary

Atlar:

2 nahar çemçesi zeýtun ýagyny ýalpyldaýança bişirmeli. Towuga garmaly we goňur bolýança gowurmaly. Towugy gazandan çykaryň we ýyly bolmagy üçin folga bilen örtülen tabaga goýuň.

Gazany oda gaýtaryň we galan zeýtun ýagyny gyzdyryň. Sogan we gyzyl burç goşuň. Gök önümler ýumşaýança, seýrek garmaly. Sarymsagy goşup, yzygiderli garyşdyryp, 30 sekunt bişirmeli.

Şeraby goşuň we gazanyň aşagyndaky reňkli bölekleri aýyrmak üçin çemçeň bir tarapyny ulanyň. Garyşdyryp, 1 minut bişirmeli.

Dogralan ezilen pomidor, ýaşyl noýba, italýan tagamy, deňiz duzy, burç we gyzyl burç çemçelerini garmaly. Geliň, gaýnadyň. Wagtal-wagtal garyşdyryp, 5 minut bişirmeli.

Towugy we ýygnanan şireleri tabaga gaýtaryň. Towuk ýumşaýança bişiriň. Hyzmat etmezden ozal otdan çykaryň we reyhan goşuň.

Iýmitlenme (100 gram üçin): 271 kaloriýa 8 g ýag 29 g karb 14 g belok 596 mg natriý

kapama towuk

Taýýarlyk wagty: 10 minut.

Nahar bişirmek wagty: 2 sagat.

Hyzmatlar: 4

Kynçylyk derejesi: orta

Goşundylar:

- 1 (32 oz.) Kesilen pomidor, guradylan
- ¼ käse gury ak şerap
- 2 nahar çemçesi pomidor pastasy
- 3 nahar çemçesi goşmaça bakja zeýtun ýagy
- ¼ çaý çemçesi gyzyl burç çemçe
- 1 çaý çemçesi toprak
- As çaý çemçesi guradylan oregano
- 2 sany gyrgyç
- 1 darçyn taýagy
- As çaý çemçesi deñiz duzy
- 1/8 çaý çemçesi täze ýer gara burç
- 4 sany süňksiz, derisiz towuk göwüsiniň ýarysy

Atlar:

Uly gazanda pomidor, çakyr, pomidor pastasy, zeýtun ýagy, gyzyl burç çemçesi, sogan, oregano, ýorunja, darçyn taýagy, deňiz duzy we burç birleşdiriň. Wagtal-wagtal garyşdyryp, pes otda gaýnadyň. Wagtal-wagtal garyşdyryp, 30 minut bişirmeli. Sousdan tutuş ýorunja we darçyn taýagyny aýyryň we sousy sowadyň.

Peçini 350 ° F çenli gyzdyryň. Towugy 9-dan 13 dýuýmlyk çörek bişirilýän gapda goýuň. Sousy towugyň üstüne döküň we gazany alýumin folga bilen ýapyň. Içki temperatura 165 ° F ýetýänçä bişirmegi dowam etdiriň.

Iýmitlenme (100 gram üçin): 220 kaloriýa 3 g ýag 11 g karb 8 g belok 923 mg natriý

Towuk göwsi ysmanak we feta peýnir bilen dolduryýar

Taýýarlyk wagty: 10 minut.

Nahar bişirmegiň wagty: 45 minut

Hyzmatlar: 4

Kynçylyk derejesi: orta

Goşundylar:

- 2 nahar çemçesi goşmaça bakja zeýtun ýagy
- 1 kilo täze çaga ysmanagy
- 3 sany sarymsak inçejik dogralan
- 1 limonyň görnüşi
- As çaý çemçesi deňiz duzy
- 1/8 çaý çemçesi täze ýer gara burç
- ½ käse döwülen feta peýnir
- 4 sany derisiz towuk göwsi

Atlar:

Peçini 350 ° F çenli gyzdyryň. Zeýtun ýagyny ýalpyldaýança orta otda bişirmeli. Ysmanak goşuň. Cookingumşaýança bişirmegi we garmagy dowam etdiriň.

Sarymsak, limon zesti, deňiz duzy we burç goşuň. Yzygiderli garyşdyryp, 30 sekunt bişirmeli. Biraz sowadyň we peýnir bilen garmaly.

Ysmanak-peýnir garyndysyny towuk böleklerine deň gatlakda ýaýlaň we döşüni doldurmagyň üstünde togalamaly. Diş gysgyjy ýa-da gassabyň ekizleri bilen ýapyk bolmaly. Döşleri 9-dan 13-dýuým çörek bişirilýän gapda tertipläň we 30-40 minut bişirmeli ýa-da towugyň içki temperaturasy 165 ° F bolýança bişirmeli we ojakdan we hyzmat etmezden 5 minut dynç alyň.

Iýmitlenme (100 gram üçin): 263 kaloriýa 3 g ýag 7 g karb 17 g belok 639 mg natriý

Rozmariýa bilen gowrulan towuk budlary

Taýýarlyk wagty: 5 minut.

Bişirmek wagty: 1 sagat.

Hyzmatlar: 6

Kynçylyk derejesi: aňsat

Goşundylar:

- 2 nahar çemçesi dogralan täze bibariýa ýapraklary
- 1 çaý çemçesi sarymsak tozy
- As çaý çemçesi deňiz duzy
- 1/8 çaý çemçesi täze ýer gara burç
- 1 limonyň görnüşi
- 12 towuk aýagy

Atlar:

Peçini 350 ° F çenli gyzdyryň. Bibijan, sarymsak tozy, deňiz duzy, burç we limon görnüşini garmaly.

Budlary 9-dan 13 dýuýmlyk çörek bişirilýän gapda tertipläň we biberi garyndysyna sepiň. Towuk içerki temperatura 165 ° F ýetýänçä bişiriň.

Iýmitlenme (100 gram üçin): 163 kaloriýa 1 g ýag 2 g karb 26 g belok 633 mg natriý

Sogan, kartoşka, injir we käşir bilen towuk

Taýýarlyk wagty: 5 minut.
Nahar bişirmegiň wagty: 45 minut
Hyzmatlar: 4
Kynçylyk derejesi: orta

Goşundylar:

- 2 käse kartoşka, ýarym
- Dört sany täze injir
- 2 sany käşir
- 2 nahar çemçesi goşmaça bakja zeýtun ýagy
- 1 çaý çemçesi deňiz duzy, bölünýär
- ¼ çaý çemçesi täze ýer gara burç
- 4 towuk bud otagy
- 2 nahar çemçesi dogralan täze petruşka ýapraklary

Atlar:

Peçini 425 ° F çenli gyzdyryň. Ownuk tabakda kartoşka, injir we käşir zeýtun ýagy, as çaý çemçesi deňiz duzy we burç bilen zyňyň. 9-dan 13-dýuýma çenli gazana ýaýlaň.

Towugy galan deňiz duzy bilen möwsüm ediň. Gök önümleriň üstünde goýuň. Gök önümler ýumşak bolýança we towuk içerki temperatura 165 ° F ýetýançä bişiriň. Petruşka sepiň we hyzmat ediň.

Iýmitlenme (100 gram üçin): 429 kaloriýa 4 g ýag 27 g karb 52 g belok 581 mg natriý

Gyros Towuk Tzatziki bilen

Taýýarlyk wagty: 15 minut.

Nahar bişirmegiň wagty: 1 sagat 20 minut

Hyzmatlar: 6

Kynçylyk derejesi: orta

Goşundylar:

- 1 kilo towuk göwsi
- 1 gyzyl sogan, grated we artykmaç suwdan çykarylýar
- 2 nahar çemçesi guradylan biberi
- 1 nahar çemçesi guradylan marjoram
- 6 sany ownuk sarymsak
- As çaý çemçesi deňiz duzy
- ¼ çaý çemçesi täze ýer gara burç
- tzatziki sousy

Atlar:

Peçini 350 ° F çenli gyzdyryň. Iýmit prosessorynda towugy, sogan, bibariya, marjoram, sarymsak, deňiz duzy we burç garyşdyryň. Garyndy pasta emele getirýänçä garmaly. Ativea-da bolmasa, bu maddalary gowy birleşýänçä bir tabaga garmaly (taýýarlyk maslahatyna serediň).

Garyndyny tabaga basyň. Içki temperatura 165 dereje ýetýänçä bişiriň. Peçden çykaryň we dilimlemezden 20 minut dynç alyň.

Gyrony kesip, üstüne tzatziki sousyny guýuň.

Iýmitlenme (100 gram üçin): 289 kaloriýa 1 g ýag 20 g karb 50 g belok 622 mg natriý

Musaka

Taýýarlyk wagty: 10 minut.
Nahar bişirmegiň wagty: 45 minut
Hyzmatlar: 8
Kynçylyk derejesi: Kyn

Goşundylar:

- 5 nahar çemçesi goşmaça bakja zeýtun ýagy, bölünýär
- 1 sany baklajan, dilimlenen (kesilmedik)
- 1 inçe dogralan sogan
- 1 ýaşyl jaň burç, tohumly we dogralan
- 1 kilo ýer towugy
- 3 sany sarymsak inçejik dogralan
- 2 nahar çemçesi pomidor pastasy
- 1 (14 oz.) Dogralan pomidor, guradylan
- 1 nahar çemçesi italýan tagamy
- 2 çaý çemçesi Worcestershire sousy
- 1 çaý çemçesi guradylan oregano
- ½ çaý çemçesi ýer darçyny
- 1 stakan ýagsyz, şekersiz tebigy grek gatyk
- 1 ýumurtga
- ¼ çaý çemçesi täze ýer gara burç
- ¼ çaý çemçesi ýer hozy
- ¼ käse grated Parmesan peýniri
- 2 nahar çemçesi dogralan täze petruşka ýapraklary

Atlar:

Peçini 400 ° F çenli gyzdyryň. 3 nahar çemçesi zeýtun ýagyny ýalpyldaýança gowurmaly. Bägüliň dilimlerini goşuň we iki tarapyny 3-4 minut gowurmaly. Kagyz polotensasyna suw guýuň.

Gazany oda gaýtaryň we galan 2 nahar çemçesi zeýtun ýagyny guýuň. Sogan we ýaşyl burç goşuň. Gök önümler ýumşaýança bişiriň. Gazandan çykaryň we bir gapdalda goýuň.

Gazany otdan çykaryň we hindi goşuň. Altyn goňur bolýança, bir çemçe bilen döwüp, takmynan 5 minut bişirmeli. Sarymsagy goşup, yzygiderli garyşdyryp, 30 sekunt bişirmeli.

Pomidor pastasy, pomidor, italýan tagamy, Worcestershire sousy, oregano we darçyn goşuň. Gazana sogan we burç gaýnadyň. Garyşdyryp, 5 minut bişirmeli. Yogogurt, ýumurtga, burç, hoz we peýniri garmaly.

Et garyndysynyň ýarysyny 9-dan 13 dýuým çörek bişirilýän tabaga goýuň. Bägüliň ýarysy bilen gatlak. Galan et garyndysyny we galan baklajany goşuň. Yogogurt garyndysy bilen ýaýlaň. Altyna çenli bişiriň. Petruşka bilen bezeliň we hyzmat ediň.

Iýmitlenme (100 gram üçin): 338 kaloriýa 5 g ýag 16 g karb 28 g belok 569 mg natriý

Dijon doňuz eti we otlar

Taýýarlyk wagty: 10 minut.

Nahar bişirmegiň wagty: 30 minut

Hyzmatlar: 6

Kynçylyk derejesi: orta

Goşundylar:

- ½ käse täze italýan petruşka ýapraklary, inçe kesilen
- 3 nahar çemçesi täze bibariya ýapragy, dogralan
- 3 nahar çemçesi täze kekik ýapraklary, inçe kesilen
- 3 nahar çemçesi Dijon gorçisa
- 1 nahar çemçesi goşmaça bakja zeýtun ýagy
- 4 sany sarymsak, dogralan
- As çaý çemçesi deňiz duzy
- ¼ çaý çemçesi täze ýer gara burç
- 1 (1 funt) doňuz eti

Atlar:

Peçini 400 F çenli gyzdyryň, petruşkany, biberi, kekini, gorçisa, zeýtun ýagyny, sarymsagy, deňiz duzuny we burçuny garmaly. Smoothumşak bolýança 30 sekunt töweregi işlediň. Garyndyny doňuz etiniň üstünde deň derejede ýaýlaň we bişen çörek üstünde goýuň.

Etiň içki temperaturasyna 140 ° F ýetýänçä bişiriň. Peçden çykaryň we oýulmazdan we hyzmat etmezden 10 minut dynç alyň.

Iýmitlenme (100 gram üçin):393 kaloriýa 3 g ýag 5 g karb 74 g belok 697 mg natriý

Gyzyl çakyr sousy we kömelek bilen biftek

Taýýarlyk wagty: duzlamak üçin minutlar we 8 sagat
Nahar bişirmegiň wagty: 20 minut
Hyzmatlar: 4
Kynçylyk derejesi: Kyn

Goşundylar:

- <u>Marinada we biftek üçin</u>
- 1 käse gury gyzyl çakyr
- 3 sany sarymsak inçejik dogralan
- 2 nahar çemçesi goşmaça bakja zeýtun ýagy
- 1 nahar çemçesi az natriý soýa sousy
- 1 nahar çemçesi guradylan kekik
- 1 çaý çemçesi Dijon gorçisa
- 2 nahar çemçesi goşmaça bakja zeýtun ýagy
- 1-den 1,5 funt sterling biftek, panjara biftek ýa-da üçburç biftek
- <u>Kömelek sousy üçin</u>
- 2 nahar çemçesi goşmaça bakja zeýtun ýagy
- Çekilen 1 kilo kremini kömelek
- As çaý çemçesi deňiz duzy
- 1 çaý çemçesi guradylan kekik
- 1/8 çaý çemçesi täze ýer gara burç

- 2 sany sarymsak, inçe kesilen
- 1 käse gury gyzyl çakyr

Atlar:

Marinad we biftek taýýarlamak

Ownuk tabakda şerap, sarymsak, zeýtun ýagy, soýa sousy, kekik we gorçisa garmaly. Çekip bolýan halta guýuň we biftek goşuň.

Biftek sowadyjyda 4-8 sagat marinat etmeli. Marinadadan filet aýyryň we kagyz polotensasy bilen guradyň.

Zeýtun ýagyny ýalpyldawuk bolýança uly gazanda gyzdyryň.

Biftek goşuň we her tarapy çuňňur gyzarýança we biftek 140 ° F-a ýetýänçä, her tarapa takmynan 4 minut bişirmeli. Gazandan biftek çykaryň we ýyly bolmagy üçin folga bilen örtülen tabaga goýuň. Kömelek sousyny taýýarlaýarkaňyz.

Kömelek sousy taýýar bolansoň, dänäniň üstünden filet dýuým galyňlykda kesmeli.

Kömelek sousyny taýýarlamak üçin

Şol ýagda ýagy orta ýokary otda gyzdyryň. Kömelek, deňiz duzy, kekik we burç goşuň. Kömelekler altyn goňur bolýança, seýrek garyşdyryp, takmynan 6 minut bişirmeli.

Sarymsagy duzlaň. Şeraby garmaly we gazanyň aşagyndaky islendik reňkli bölekleri döwmek üçin agaç çemçeň gyrasyny ulanyň. Suwuklyk ýarym azalýança bişiriň. Kömelekleri biftekiň üstünde hyzmat ediň.

Iýmitlenme (100 gram üçin): 405 kaloriýa 5 g ýag 7 g karb 33 g belok 842 mg natriý

Grek köfte

Taýýarlyk wagty: 20 minut.

Nahar bişirmegiň wagty: 25 minut

Hyzmatlar: 4

Kynçylyk derejesi: orta

Goşundylar:

- 2 bölek bugdaý çöregi
- 1¼ funt ýer towugy
- 1 ýumurtga
- ¼ käse tagamly bugdaý çörek bölekleri
- 3 sany sarymsak inçejik dogralan
- ¼ gyzyl sogan, grated
- ¼ käse dogralan täze italýan petruşka ýapraklary
- 2 nahar çemçesi dogralan täze nan ýapraklary
- 2 nahar çemçesi dogralan täze oregano ýapraklary
- ⅛ çaý çemçesi deňiz duzy
- ¼ çaý çemçesi täze ýer gara burç

Atlar:

Peçini 350 ° F çenli gyzdyryň. Çörek kagyzy ýa-da folga bişirilýän kagyzyň üstünde goýuň. Çöregi nemlendirmek we artykmaçlygyny gysmak üçin suwuň aşagyna goýuň. Çygly çöregi ownuk böleklere bölüň we orta tabaga ýerleşdiriň.

Kepjebaş, ýumurtga, çörek bölekleri, sarymsak, gyzyl sogan, petruşka, nan, oregano, deňiz duzy we burç goşuň. Gowy garmaly. Garyndyny ¼ käse ölçegli toplara emele getiriň. Çorbalary taýýarlanan tabaga goýuň we takmynan 25 minut bişirmeli ýa-da içki temperatura 165 ° F ýetýänçä bişirmeli.

Iýmitlenme (100 gram üçin): 350 kaloriýa 6 g ýag 10 g karb 42 g belok 842 mg natriý

Fasulye bilen guzy

Taýýarlyk wagty: 10 minut.

Bişirmek wagty: 1 sagat.

Hyzmatlar: 6

Kynçylyk derejesi: Kyn

Goşundylar:

- ¼ käse goşmaça bakja zeýtun ýagy, bölünýär
- Goşmaça ýag bilen kesilen 6 guzy çorbasy
- 1 çaý çemçesi deňiz duzy, bölünýär
- ½ çaý çemçesi täze ýer gara burç
- 2 nahar çemçesi pomidor pastasy
- 1½ stakan gyzgyn suw
- 1 kilo ýaşyl noýba, kesilen we ýarym kesilen
- 1 inçe dogralan sogan
- 2 pomidor, dogralan

Atlar:

2 nahar çemçesi zeýtun ýagyny ýalpyldaýança uly skletde gyzdyryň. Guzynyň çorbalaryny ½ çaý çemçesi deňiz duzy we 1/8 çaý çemçesi burç bilen möwsümläň. Guzyny gyzgyn ýagda iki tarapa gyzarýança 4 minut töweregi gowurmaly. Eti bir tabaga salyň we bir gapdalda goýuň.

Gazany oda gaýtaryň we galan 2 nahar çemçesi zeýtun ýagyny goşuň. Inyalpyldaýança gyzdyryň.

Pomidor pastasyny bir gaba gyzgyn suwda erediň. Greenaşyl noýba, sogan, pomidor we galan ½ çaý çemçesi deňiz duzy we ¼ çaý çemçesi burç bilen bilelikde gyzgyn skelete goşuň. Gazanyň aşagyndan reňkli bölekleri döwmek üçin çemçeň bir tarapyny ulanyp, pes otda gaýnadyň.

Guzynyň çorbasyny tabaga gaýtaryň. Bir gaýna getirmeli we ýylylygy orta derejä çenli peseltmeli. Sousuň galyňlygyny sazlamak üçin zerur bolan suw goşup, noýba ýumşaýança 45 minut gaýnadyň.

Iýmitlenme (100 gram üçin): 439 kaloriýa 4 g ýag 10 g karb 50 g belok 745 mg natriý

Pomidor we balzam sousundaky towuk

Taýýarlyk wagty: 10 minut.

Nahar bişirmegiň wagty: 20 minut

Hyzmatlar: 4

Kynçylyk derejesi: orta

Goşundylar

- 2 (8 oz ýa-da 226,7 g) süňksiz, derisiz towuk göwüsleri
- ½ çaý çemçesi duz
- ½ çaý çemçesi ýer burç
- 3 nahar çemçesi goşmaça bakja zeýtun ýagy
- ½ käse alça pomidor, ýarym kesilen
- 2 nahar çemçesi dilimlenen gabyk
- ¼ c. balzam sirkesi
- 1 nahar çemçesi. ownuk sarymsak
- 1 nahar çemçesi. ezilen şüweleň tohumy
- 1 nahar çemçesi. ýag

Atlar:

Towuk göwüsini 4 bölege bölüň we ¼ dýuým galyňlyga çenli söwda bilen funtuň. Towugy örtmek üçin ¼ çaý çemçesi burç we duz ulanyň. Gazanda iki nahar çemçesi ýag gyzdyryň we orta otda saklaň. Towuk göwüsini her tarapynda üç minut gowurmaly. Bir tabakda goýuň we ýyly bolmagy üçin alýumin folga bilen ýapyň.

Bir tabaga bir nahar çemçesi ýag, gabygy we pomidor goşup, ýumşaýança bişirmeli. Sirke goşuň we sirke ýarym azalýança gaýnadyň. Şüweleň tohumy, sarymsak, duz we burç goşup, dört minut töweregi bişirmeli. Heatylylykdan aýyryň we ýag bilen çotuň. Bu sousy towugyň üstüne döküň we hyzmat ediň.

Iýmitlenme (100 gram üçin): 294 kaloriýa 17 g ýag 10 g karb 2 g belok 639 mg natriý

Goňur tüwi, feta peýnir, täze nohut we nan salady

Taýýarlyk wagty: 10 minut.
Nahar bişirmegiň wagty: 25 minut
Hyzmatlar: 4
Kynçylyk derejesi: aňsat

Goşundylar:

- 2 C. Toplumly tüwi
- 3 c. Suw
- Duz
- 5 oz ýa-da 141,7 g feta peýnir
- 2 C. gaýnadylan nohut
- ½ käse ownuk nan, täze
- 2 nahar çemçesi zeýtun ýagy
- Duz burç

Atlar:

Goňur tüwi, suwy we duzy gazanyň içine orta otda goýuň, gaplaň we gaýnadyň. Heatylylygy peseldiň we suw eränçä we tüwi ýumşak, ýöne çeýnýänçä bişirmeli. Doly sowasyn

Sowadylan tüwi bilen salat gabyna feta peýnir, nohut, nan, zeýtun ýagy, duz we burç goşuň we garmaly. Hyzmat et we lezzet al!

Iýmitlenme (100 gram üçin): 613 kaloriýa 18,2 g ýag 45 g karb 12 g belok 755 mg natriý

Zeýtun we nohut bilen doldurylan tutuş däne pita

Taýýarlyk wagty: 10 minut.
Nahar bişirmegiň wagty: 20 minut
Hyzmatlar: 2
Kynçylyk derejesi: orta

Goşundylar:

- 2 halta bugdaý pita
- 2 nahar çemçesi zeýtun ýagy
- 2 sany sarymsak, inçe kesilen
- 1 inçe dogralan sogan
- As çaý çemçesi kimyon
- 10 inçe dogralan gara zeýtun
- 2 C. gaýnadylan nohut
- Duz burç

Atlar:

Pita jübüsini kesiň we bir gapdalda goýuň. Heatylylygy ortaça öwüriň we ýerine bir tabak goýuň. Zeýtun ýagyny we ot goşuň. Gyzgyn gazanda sarymsagy, sogan we kimyon birleşdirip, sogan ýumşaýança we kimin hoşboý ysly bolýança garmaly. Zeýtun, nohut, duz we burç goşup, nohut altyn goňur bolýança garmaly.

Gazany otdan çykaryň we nohutlary ýuwmak üçin agaç çemçe ulanyň, käbiri bitewi, käbiri ezilýär. Pita jübiňizi mikrotolkunda, peçde ýa-da peçdäki arassa gazanda gyzdyryň.

Olary nohut garyndysy bilen dolduryň we lezzet alyň!

Iýmitlenme (100 gram üçin): 503 kaloriýa 19 g ýag 14 g karb 15,7 g belok 798 mg natriý

Hoz we Cannellini noýbasy bilen gowrulan käşir

Taýýarlyk wagty: 10 minut.

Nahar bişirmegiň wagty: 45 minut

Hyzmatlar: 4

Kynçylyk derejesi: orta

Goşundylar:

- 4 käşir, gabykly we dogralan
- 1 C. hoz
- 1 nahar çemçesi. Bal
- 2 nahar çemçesi zeýtun ýagy
- 2 C. kanellini noýbasy, guradylyp bilner
- 1 sany täze kekik
- Duz burç

Atlar:

Peçini 400 F / 204 C edip düzüň we pergament kagyzy bilen çörek bişirilýän kagyzy ýa-da panany çyzyň. Käşir we hozlary hatara düzülen tabaga ýa-da tabaga goýuň. Zeýtun ýagyny we baly käşiriň we hozuň üstüne sürtüň, soňra her bölegi örtmek üçin zyňyň.

Kekini goşuň, hemme zady duz we burç sepiň, legeni ojaga salyň we takmynan bişirmeli. 40 minutlap

Hyzmat et we lezzet al

Iýmitlenme (100 gram üçin): 385 kaloriýa 27 g ýag 6 g karb 18 g belok 859 mg natriý

Bahar ýagly towuk

Taýýarlyk wagty: 10 minut.
Nahar bişirmegiň wagty: 25 minut
Hyzmatlar: 4
Kynçylyk derejesi: orta

Goşundylar:

- ½ käse agyr gamçy
- 1 nahar çemçesi. Duz
- ½ käse süňk çorbasy
- 1 nahar çemçesi. Burç
- 4 nahar çemçesi ýag
- 4 ýarym towuk göwsi

Atlar:

Gazany ojakda orta otda goýuň we bir nahar çemçesi ýag goşuň. Butterag gyzdyrylyp, eredilenden soň, towugy goşuň we her tarapynda bäş minut bişirmeli. Bu wagtyň ahyrynda towuk gowy bişirilmeli we altyn bolmaly; bar bolsa, ony tabaga salyň.

Soňra süňk çorbasyny gyzgyn gazana goşuň. Gaty köpük, duz we burç goşuň. Soňra sous gaýnap başlaýança panany ýeke goýuň. Sousuň galyňlaşmagy üçin bu amalyň bäş minut dowam etmegine rugsat beriň.

Ahyrynda galan ýagy we towugy gazana gaýdyň. Sousy towugyň üstüne çemçe edip, ony bişirmeli. Gatnaşyň

Iýmitlenme (100 gram üçin): 350 kaloriýa 25 g ýag 10 g karb 25 g belok 869 mg natriý

Bekon we goşa peýnirli towuk

Taýýarlyk wagty: 10 minut.

Nahar bişirmegiň wagty: 30 minut

Hyzmatlar: 4

Kynçylyk derejesi: aňsat

Goşundylar:

- 4 oz. ýa-da 113g. Krem peýniri
- 1 C. Çeddar peýniri
- 8 zolak doňuz
- Deňiz duzy
- Burç
- 2 sany sarymsak inçejik dogralan
- Towuk göwsi
- 1 nahar çemçesi. Bekon ýagy ýa-da ýag

Atlar:

Peçini 400 F / 204 C çenli gyzdyryň Towuk göwüsini inçejik edip kesiň

Duz, burç we sarymsak bilen möwsüm. Çörek çöregini ýag bilen ýaglaň we towuk göwüsini goýuň. Döşüň üstüne krem peýniri we kedr peýniri goşuň.

Bekon dilimlerini hem goşuň. Gazany ojakda 30 minut goýuň. Gyzgyn hyzmat ediň

Iýmitlenme (100 gram üçin): 610 kaloriýa 32 g ýag 3 g karb 38 g belok 759 mg natriý

Limon we paprika karides

Taýýarlyk wagty: 10 minut.

Nahar bişirmegiň wagty: 10 minut

Hyzmatlar: 4

Kynçylyk derejesi: aňsat

Goşundylar:

- 40 bölek gabyk
- 6 sany ownuk sarymsak
- duz we gara burç
- 3 nahar çemçesi zeýtun ýagy
- ¼ çaý çemçesi süýji paprika
- Bir çümmük gyzyl burç
- ¼ çaý çemçesi grated limon gabygy
- 3 nahar çemçesi şeri ýa-da beýleki çakyr
- 1 nahar çemçesi. dilimlenen çaýlar
- 1 limonyň şiresi

Atlar:

Heatylylygy orta derejä öwüriň we ýerine bir tabak goýuň.

Oilag we karides goşuň, burç we duz sepiň we 1 minut bişirmeli, paprika, sarymsak we burç çemçelerini goşuň, garmaly we 1 minut bişirmeli. Seresaplyk bilen şerini goşuň we ýene bir minut bişirmeli.

Krepkany otdan çykaryň, çaý we limon goşuň, garmaly we tabaklara ýerleşdiriň. Limon suwuny goşuň we hyzmat ediň

Iýmitlenme (100 gram üçin): 140 kaloriýa 1 g ýag 5 g karb 18 g belok 694 mg natriý

Çörek we tagamly halibut

Taýýarlyk wagty: 5 minut.

Nahar bişirmegiň wagty: 25 minut

Hyzmatlar: 4

Kynçylyk derejesi: aňsat

Goşundylar:

- ¼ c. dogralan täze çaýlar
- ¼ c. dogralan täze ukrop
- ¼ çaý çemçesi gara burç
- ¾ c. panko çörek bölekleri
- 1 nahar çemçesi. goşmaça bakja zeýtun ýagy
- 1 çaý çemçesi ençe grated limon gabygy
- 1 çaý çemçesi deňiz duzy
- 1/3 c. dogralan täze petruşka
- 4 (6 oz ýa-da 170 g) halibut filetleri

Atlar:

Orta tabakda, zeýtun ýagyny we halibutdan we çörek böleklerinden başga zatlary garyşdyryň.

Halibut filetlerini garyndynyň içine goýuň we 30 minut marinat ediň, ojagy 400 F / 204 C çenli gyzdyryň. Folgany çörek bişirilýän kagyzyň üstünde goýuň we nahar bişirmek üçin pürküň. Filetleri çörek böleklerine batyryň we çörek bişirilýän ýere goýuň. Peçde 20 minut bişirmeli. Gyzgyn hyzmat ediň.

Iýmitlenme (100 gram üçin): 667 kaloriýa 24,5 g ýag 2 g karb 54,8 g belok 756 mg natriý

Gant bilen sogan köri

Taýýarlyk wagty: 10 minut.

Nahar bişirmegiň wagty: 20 minut

Hyzmatlar: 4

Kynçylyk derejesi: aňsat

Goşundylar:

- ¼ çaý çemçesi gyzyl jaň burç ýa-da çili tozy
- ¼ çaý çemçesi zerdejik, ýer
- ¼ çaý çemçesi duz
- 1 çaý çemçesi bal
- ¼ çaý çemçesi sarymsak tozy
- 2 çaý çemçesi tutuş däne gorçisa
- 4 (6 oz ýa-da 170 g) losos filesi

Atlar:

Bir tabakda gorçisa we lososdan başga zatlary garmaly. Peçini 350 F / 176 C çenli gyzdyryň. Çörek bişirilýän nahary bişirmek üçin spreý bilen örtüň. Sogan, gazanyň içine, deriniň aşagyna goýuň we gorçisa garyndysyny filetleriň üstünde deň derejede ýaýlaň.

Ojakda goýuň we 10-15 minut bişirmeli ýa-da ýalpak bolýança bişirmeli.

Iýmitlenme (100 gram üçin): 324 kaloriýa 18,9 g ýag 1,3 g karb 34 g belok 593 mg natriý

Hoz we bibariya bilen losos

Taýýarlyk wagty: 10 minut.

Nahar bişirmegiň wagty: 25 minut

Hyzmatlar: 4

Kynçylyk derejesi: orta

Goşundylar:

- 1 funt ýa-da 450 gr. doňdurylan derisiz losos filesi
- 2 çaý çemçesi Dijon gorçisa
- 1 sany sogan sarymsak
- ¼ çaý çemçesi grated limon
- ½ çaý çemçesi bal
- As çaý çemçesi köşer duzy
- 1 çaý çemçesi täze dogralan biberi
- 3 nahar çemçesi Panko çörek bölekleri
- ¼ çaý çemçesi ýer gyzyl burç
- 3 nahar çemçesi ýer hozy
- 2 çaý çemçesi goşmaça zeýtun ýagy

Atlar:

Peçini 420 F / 215 C çenli gyzdyryň we pergament kagyzy bilen bir bölek çörek bişiriň. Bir tabakda gorçisa, limon zesti, sarymsak, limon suwy, bal, bibariya, ezilen gyzyl burç we duz garmaly. Başga bir tabakda hoz, panko we 1 çaý çemçesi ýag garmaly, çörek bişirilýän kagyzyň üstüne goýuň, lososyň üstüne goýuň.

Gant garyndysyny balygyň üstüne ýaýradyň we panko garyndysyny balygyň üstüne ýaýradyň. Galan zeýtun ýagyny lososyň üstüne az-owlak sürtüň. Takmynan 10-12 minut bişirmeli ýa-da losos çeňňek bilen aýrylýança bişirmeli. Gyzgyn hyzmat ediň

Iýmitlenme (100 gram üçin): 222 kaloriýa 12 g ýag 4 g karb 0,8 g belok 812 mg natriý

Pomidor bilen çalt spagetti

Taýýarlyk wagty: 10 minut.

Nahar bişirmegiň wagty: 25 minut

Hyzmatlar: 4

Kynçylyk derejesi: orta

Goşundylar:

- 8 oz. ýa-da 226,7 gr spagetti
- 3 nahar çemçesi zeýtun ýagy
- 4 sany sarymsak, dilimlenen
- 1 jalapeno, dilimlenen
- 2 C. alça pomidor
- Duz burç
- 1 çaý çemçesi balzam sirkesi
- ½ käse grated parmesan

Atlar:

Orta otda gaýnap, uly gazana suw getiriň. Bir çümmük duz goşup, gaýnadyň, soňra spagetti goşuň. 8 minut bişirmeli. Makaron bişirilende, ýagda bir gazany gyzdyryň we sarymsak we jalapeño goşuň. Anotherene 1 minut bişirmeli, soňra pomidor, burç we duz goşuň.

Pomidoryň derisi ýarylýança 5-7 minut bişirmeli.

Sirke goşuň we otdan çykaryň. Spagetti gowy süzüň we pomidor sousy bilen garmaly. Peýnir sepiň we derrew hyzmat ediň.

Iýmitlenme (100 gram üçin): 298 kaloriýa 13,5 g ýag 10,5 g karb 8 g belok 749 mg natriý

Oregano we Çili bilen bişirilen peýnir

Taýýarlyk wagty: 10 minut.

Nahar bişirmegiň wagty: 25 minut

Hyzmatlar: 4

Kynçylyk derejesi: aňsat

Goşundylar:

- 8 oz. ýa-da 226,7 gr feta peýnir
- 4 oz. ýa-da böleklenen 113 gr mozzarella
- 1 dilimlenen çili
- 1 çaý çemçesi guradylan oregano
- 2 nahar çemçesi zeýtun ýagy

Atlar:

Feta peýnirini ownuk, çuňňur çörek bişirilýän ýerde goýuň. Üstüni mozzarella bilen ýaýlaň, soňra jaň burç we oregano dilimleri bilen möwsüm. panany ýapyň. Gyzdyrylan 350 F / 176 C peçde 20 minut bişirmeli. Peýnire hyzmat ediň we lezzet alyň.

Iýmitlenme (100 gram üçin): 292 kaloriýa 24,2 g ýag 5,7 g karb 2 g belok 733 mg natriý

311. Gysganç italýan towugy

Taýýarlyk wagty: 10 minut.

Nahar bişirmegiň wagty: 30 minut

Hyzmatlar: 4

Kynçylyk derejesi: aňsat

Goşundylar:

- 4 towuk aýagy
- 1 çaý çemçesi guradylan reyhan
- 1 çaý çemçesi guradylan oregano
- Duz burç
- 3 nahar çemçesi zeýtun ýagy
- 1 nahar çemçesi. balzam sirkesi

Atlar:

Towugy reyhan we oregano bilen gowy möwsüm ediň. Gazanda ýag we ot goşuň. Towugy gyzgyn ýagda goşuň. Altyn goňur bolýança her tarapynda 5 minut bişirmeli, soňra tabagy ýapyň.

Alawy orta goýuň we bir gapdalynda 10 minut bişirmeli, soňra towugy birnäçe gezek öwrüň we çişýänçä ýene 10 minut bişirmeli. Towuga hyzmat ediň we lezzet alyň.

Iýmitlenme (100 gram üçin): 262 kaloriýa 13,9 g ýag 11 g karb 32,6 g belok 693 mg natriý

Gök önümler bilen Marokko tagine

Taýýarlyk wagty: 20 minut.

Nahar bişirmegiň wagty: 40 minut

Hyzmatlar: 2

Kynçylyk derejesi: orta

Goşundylar:

- 2 nahar çemçesi zeýtun ýagy
- ½ sogan, dogralan
- 1 sany sogan sarymsak
- 2 stakan karam gülleri
- 1 dýuým böleklere bölünen 1 orta käşir
- 1 käse dogralan baklajan
- 1 pomidor şiresi
- 1 (15 oz / 425 g) nohut
- 2 sany ownuk gyzyl kartoşka
- 1 käse suw
- 1 çaý çemçesi arassa akja şerbeti
- ½ bir çaý çemçesi darçyn
- ½ çaý çemçesi zerdejik
- 1 çaý çemçesi kimyon
- ½ çaý çemçesi duz
- 1-2 çaý çemçesi harissa pastasy

Atlar:

Zeýtun ýagyny gazanda orta ýokary otda gyzdyryň. Sogan, 5 minutlap, wagtal-wagtal garmaly ýa-da sogan aç-açan bolýança dogramaly.

Sarymsak, karam gülleri, käşir, baklawa, pomidor we kartoşka goşuň. Pomidorlary agaç çemçe bilen ownuk böleklere bölüň.

Nohut, suw, akja şerbeti, darçyn, zerdeçal, kimyon we duz goşup, birleşdirmeli. gaýnadyň

Taýar bolanyňyzda, ýylylygy orta derejä çenli azaldyň. Harissa pastasyny goşuň, gapagyny ýapyň we takmynan 40 minut gaýnadyň ýa-da gök önümler ýumşaýança gaýnadyň. Dadyp görüň we möwsümi. Hyzmat etmezden ozal dynç alyň.

Iýmitlenme (100 gram üçin): 293 kaloriýa 9,9 g ýag 12.1 g karb 11,2 g belok 811 mg natriý

Nohut we salat selderýa bilen örtülýär

Taýýarlyk wagty: 10 minut.

Nahar bişirmegiň wagty: 0 minut

Hyzmatlar: 4

Kynçylyk derejesi: aňsat

Goşundylar:

- 1 (15 oz / 425 g) az natriý nohut
- 1 sapak selderýa, inçejik dilimlenen
- 2 nahar çemçesi dogralan gyzyl sogan
- 2 nahar çemçesi tahini duzsyz
- 3 nahar çemçesi gorçisa we bal
- 1 nahar çemçesi ýapyk
- 12 ýagly salat ýapragy

Atlar:

Nohutlary bir tabaga kartoşka ýuwujy ýa-da çeňňegiň arkasy bilen ýumşaýança garmaly. Gazana selderey, gyzyl sogan, tahini, gorçisa we kepderi goşup, gowy birleşýänçä garmaly.

Her bölek üçin bir-birine gabat gelýän üç sany salat ýapragyny bir tabaga goýuň we üstüne humus dolduryan ¼ guýuň, soňra togalamaly. Beýleki salat ýapraklary we nohut garyndysy bilen gaýtalaň.

Iýmitlenme (100 gram üçin): 182 kaloriýa 7,1 g ýag 3 g karb 10,3 g belok 743 mg natriý

Taýýarlanylan gök önümler

Taýýarlyk wagty: 15 minut.

Nahar bişirmegiň wagty: 10 minut

Hyzmatlar: 4

Kynçylyk derejesi: aňsat

Goşundylar:

- 4 sany orta gyzyl sogan, gabykly we 6 dilim
- 1 dýuým galyňlykda kesilen 4 sany orta gök
- 2 sany sygyr pomidory
- 4 gyzyl jaň burç
- 2 sany mämişi jaň burç
- 2 sany sary jaň burç
- 2 nahar çemçesi we 1 çaý çemçesi zeýtun ýagy

Atlar:

Grili orta ýokary otda gyzdyryň. Gök önümleri gyzyl sogan, sogan, pomidor we dürli reňkli jaň burçlary bilen gezekleşiň. 2 nahar çemçesi zeýtun ýagy bilen çotuň.

Gril panjaralaryny 1 çaý çemçesi zeýtun ýagy bilen ýaglaň we ösümlik skewerlerini 5 minut gowurmaly. Tüweleýleri öwüriň we ýene 5 minut bişiriň ýa-da isleýşiňiz ýaly bişýänçä. Gulluk etmezden ozal 5 minut sowadyň.

Iýmitlenme (100 gram üçin): 115 kaloriýa 3 g ýag 4,7 g karb 3,5 g belok 647 mg natriý

Pomidor bilen doldurylan Portobello kömelekleri

Taýýarlyk wagty: 10 minut.

Nahar bişirmegiň wagty: 15 minut

Hyzmatlar: 4

Kynçylyk derejesi: orta

Goşundylar:

- 4 sany uly portobello kömelek gapagy
- 3 nahar çemçesi goşmaça bakja zeýtun ýagy
- Dadyp görmek üçin duz we gara burç
- 4 guradylan pomidor
- 1 käse bölek mozzarella peýniri, bölünen
- ½ to ¾ käse az natriý pomidor sousy

Atlar:

Grili ýokary otda gyzdyryň. Kömelek gapaklaryny çörek kagyzy bilen hatarlanan çörek bişirilýän kagyzyň üstünde goýuň we zeýtun ýagyna sepiň. Duz we burç goşuň. Kömelek gapaklaryny ýarym altyn öwrüp, üstünde altyn goňur bolýança 10 minut gril.

Grilden çykaryň. Her kömelek gapagynyň üstüne 1 pomidor, 2 nahar çemçesi peýnir we 2-3 nahar çemçesi sous guýuň. Kömelek gapaklaryny panjara goýuň we 2-3 minutlap grilleşdirmegi dowam etdiriň. Hyzmat etmezden 5 minut sowamaga rugsat beriň.

Iýmitlenme (100 gram üçin): 217 kaloriýa 15,8 g ýag 9 g karb 11,2 g belok 793 mg natriý

Wilted kepderi süýji sogan bilen ýapraklary

Taýýarlyk wagty: 15 minut.

Nahar bişirmegiň wagty: 15 minut

Hyzmatlar: 4

Kynçylyk derejesi: aňsat

Goşundylar:

- 1 nahar çemçesi goşmaça bakja zeýtun ýagy
- 2 sany sarymsak, inçe kesilen
- 1 Widaliýa sogan, inçejik dilimlenen
- ½ käse az natriý ösümlik çorbasy
- 2 sany kepderi ýapragy, dogralan
- dadyp görmek üçin täze ýer gara burç

Atlar:

Zeýtun ýagyny uly otda pes otda gyzdyryň. Sarymsagy we sogan goşup, 2-3 minut bişirmeli, wagtal-wagtal garmaly ýa-da sogan aç-açan bolýança.

Gök önümlere we kepderi gök önümlerine goşuň we ýumşak bolýança 5-7 minut bişirmeli. Gara burç sepiň we gyzgyn tabakda hyzmat ediň.

Iýmitlenme (100 gram üçin): 81 kaloriýa 3,9 g ýag 4 g karb 3,2 g belok 693 mg natriý

Selderýa we gorçisa gök önümleri

Taýýarlyk wagty: 10 minut.

Nahar bişirmegiň wagty: 15 minut

Hyzmatlar: 4

Kynçylyk derejesi: orta

Goşundylar:

- ½ käse az natriý ösümlik çorbasy
- 1 selderýa sapagy, takmynan dogralan
- ½ süýji sogan
- ½ uly gyzyl jaň burç, inçejik dilimlenen
- 2 sany sarymsak, inçe kesilen
- 1 topar gorçisa gök, dogralan

Atlar:

Ösümlik ätiýaçlygyny uly guýma demir skeletine guýuň we orta otda gaýnadyň. Selderýa, sogan, jaň burç we sarymsak goşuň. Takmynan 3-5 minut bişirmeli.

Gazana gorçisa gök önümlerini goşup, gowy garmaly. Heatylylygy azaldyň we suwuklyk bugarýança we gök önümler ýumşak bolýança bişirmeli. Otdan çykaryň we ýyly hyzmat ediň.

Iýmitlenme (100 gram üçin): 39 kaloriýa 3,1 g belok 6,8 g karb 3 g belok 736 mg natriý

Gök önümler we tofu bilen ýumurtga

Taýýarlyk wagty: 5 minut.

Nahar bişirmegiň wagty: 10 minut

Hyzmatlar: 2

Kynçylyk derejesi: aňsat

Goşundylar:

- 2 nahar çemçesi goşmaça bakja zeýtun ýagy
- ½ gyzyl sogan, inçe kesilen
- 1 käse dogralan kale
- 8 oz (227 g) kömelek, dilimlenen
- 8 oz (227 g) tofu, kesilen
- 2 sany sarymsak, inçe kesilen
- 1 çümmük gyzyl burç çemçe
- As çaý çemçesi deňiz duzy
- 1/8 çaý çemçesi täze ýer gara burç

Atlar:

Zeýtun ýagyny ýalpyldawuk bolýança orta ýokary otda orta taýak däl gazanda gyzdyryň. Gazana sogan, sogan we kömelek goşuň. Düzgünsiz bişiriň we gök önümler goňur bolýança garmaly.

Tofu goşuň we ýumşaýança 3-4 minut bişirmeli. Sarymsak, gyzyl burç çemçe, duz we gara burç goşup, 30 sekunt bişirmeli. Hyzmat etmezden ozal dynç alyň.

Iýmitlenme (100 gram üçin): 233 kaloriýa 15,9 g ýag 2 g karb 13,4 g belok 733 mg natriý

ýönekeý zoodles

Taýýarlyk wagty: 10 minut.
Nahar bişirmegiň wagty: 5 minut
Hyzmatlar: 2
Kynçylyk derejesi: aňsat

Goşundylar:

- 2 nahar çemçesi awakado ýagy
- 2 sany orta gök, spirallaşdyrylan
- ¼ çaý çemçesi duz
- dadyp görmek üçin täze ýer gara burç

Atlar:

Awakado ýagyny ýalpyldaýança orta otda uly skletde gyzdyryň. Gazana nahar, duz we gara burç goşup, palta zyňyň. Softumşak bolýança yzygiderli bişirmeli we garmaly. Gyzgyn hyzmat ediň.

Iýmitlenme (100 gram üçin): 128 kaloriýa 14 g ýag 0,3 g karb 0,3 g belok 811 mg natriý

Enter ýüzi we pomidor ösümligi

Taýýarlyk wagty: 15 minut.

Nahar bişirmegiň wagty: 0 minut

Hyzmatlar: 4

Kynçylyk derejesi: aňsat

Goşundylar:

- 2 stakan bişirilen mekgejöwen
- 5 sany kesilen Roma pomidory
- ½ käse döwülen feta peýnir
- 10 sany täze reyhan ýapragy inçejik dilimlenýär
- ¼ käse goşmaça zeýtun ýagy
- 1 nahar çemçesi balzam sirkesi
- 2 sany sarymsak, inçe kesilen
- As çaý çemçesi çig bal
- ½ çaý çemçesi duz
- ¼ çaý çemçesi täze ýer gara burç
- 4 sany uly kelem ýapragy, baldagy aýrylýar

Atlar:

Enter ýüzi, pomidor, peýnir, reyhan ýapraklary, zeýtun ýagy, sirke, sarymsak, bal, duz we gara burç birleşdiriň we gowy garmaly.

Kelem ýapraklaryny tekiz iş ýüzüne goýuň. Ýapraklaryň gyralaryna deň mukdarda mekgejöwen garyndysyny çemçe. Ollok edip, iki bölege bölüň.

Iýmitlenme (100 gram üçin): 318 kaloriýa 17,6 g ýag 27,5 g karb 13,2 g belok 800 mg natriý

Ortaýer deňziniň ösümlik tabagy

Taýýarlyk wagty: 10 minut.

Nahar bişirmegiň wagty: 20 minut

Hyzmatlar: 4

Kynçylyk derejesi: orta

Goşundylar:

- 2 käse suw
- 1 käse # 3 bulgur bugdaý ýa-da kwino, ýuwuldy
- 1½ çaý çemçesi duz, bölünýär
- 1 pint (2 käse) alça pomidor, ýarym
- 1 sany uly jaň burç, dogralan
- 1 sany uly hyýar, dogralan
- 1 käse Kalamata zeýtun
- ½ käse täze gysylan limon suwy
- 1 käse goşmaça bakja zeýtun ýagy
- ½ çaý çemçesi täze ýer gara burç

Atlar:

Suwy orta otda gazanda gaýnadyň. Bulgur (ýa-da kwino) we 1 çaý çemçesi duz goşuň. Gaplaň we 15-20 minut bişirmeli.

Gök önümleri 4 tabakda tertiplemek üçin, her jamy 5 bölege bölüň. Bişirilen bulgury bir bölekde tertipläň. Pomidor, jaň burç, hyýar we zeýtun bilen yzarlaň.

Limon suwuny, zeýtun ýagyny, galan ½ çaý çemçesi duzy we gara burç bilen garmaly.

Geýimleri 4 jamyň hemmesine deň derejede guýuň. Derrew hyzmat ediň ýa-da soňra ýapyň we sowadyň.

Iýmitlenme (100 gram üçin): 772 kaloriýa 9 g ýag 6 g belok 41 g karb 944 mg natriý

Bişen gök önümler we humus örtük

Taýýarlyk wagty: 15 minut.

Nahar bişirmegiň wagty: 10 minut

Hyzmatlar: 6

Kynçylyk derejesi: orta

Goşundylar:

- 1 sany uly baklajan
- 1 uly sogan
- ½ käse goşmaça zeýtun ýagy
- 1 çaý çemçesi duz
- 6 sany lawaş rulon ýa-da uly pita çöregi
- 1 stakan kremli adaty humus

Atlar:

Gril, uly panjara ýa-da orta otda ýeňil ýaglanan uly skeleti gyzdyryň. Bägül we sogan bilen halkalara kesiň. Gök önümleri zeýtun ýagy bilen ýuwuň we duz sepiň.

Gök önümleri iki gapdalynda, her tarapynda takmynan 3-4 minut gowurmaly. Gap-gaç taýýarlamak üçin lawany ýa-da pita goýuň. Gabyga 2 nahar çemçesi humus çemçe.

Gök önümleri gabygyň bir gapdalynda goýup, örtükleriň arasynda deň bölüň. Örtügiň gapdalyny gök önümler bilen seresaplyk bilen epläň, sokuň we berk dolaň.

Gaplanan tikiş tarapyny aşak goýuň we ýarysyny ýa-da üçden birini kesiň.

Şeýle hem soňraky sarp etmek üçin görnüşini saklamak üçin her sandwiwi plastmassa örtüp bilersiňiz.

Iýmitlenme (100 gram üçin): 362 kaloriýa 10 g ýag 28 g karb 15 g belok 736 mg natriý

Ispan ýaşyl noýba

Taýýarlyk wagty: 10 minut.
Nahar bişirmegiň wagty: 20 minut
Hyzmatlar: 4
Kynçylyk derejesi: aňsat

Goşundylar:

- ¼ käse goşmaça zeýtun ýagy
- 1 uly sogan, inçe kesilen
- Inçe dogralan sarymsakdan 4 sany ýorunja
- 1 funt ýaşyl noýba, täze ýa-da doňdurylan, dogralan
- 1½ çaý çemçesi duz, bölünýär
- 1 (15 oz.) Kesilen pomidor
- ½ çaý çemçesi täze ýer gara burç

Atlar:

Zeýtun ýagyny, sogan we sarymsagy gyzdyryň; 1 minut bişirmeli. Greenaşyl noýba 2 dýuým böleklere bölüň. Gazana ýaşyl noýba we 1 çaý çemçesi duz goşuň we birleşdirmeli; 3 minut bişirmeli. Dogralan pomidor, galan 1/2 çaý çemçesi duz we gara burç goşuň. wagtal-wagtal garyşdyryp, ýene 12 minut bişirmegi dowam etdiriň. Gyzgyn hyzmat ediň.

Iýmitlenme (100 gram üçin): 200 kaloriýa 12 g ýag 18 g karb 4 g belok 639 mg natriý

Rüsti karam we käşir hasy

Taýýarlyk wagty: 10 minut.

Nahar bişirmegiň wagty: 10 minut

Hyzmatlar: 4

Kynçylyk derejesi: aňsat

Goşundylar:

- 3 nahar çemçesi goşmaça bakja zeýtun ýagy
- 1 uly sogan, inçe kesilen
- 1 nahar çemçesi ownuk sarymsak
- 2 käse dogralan käşir
- 4 stakan karam bölegi, ýuwuldy
- 1 çaý çemçesi duz
- As çaý çemçesi ýer kimini

Atlar:

Zeýtun ýagyny, sogan, sarymsak we käşir 3 minut bişirmeli. Kelemini 1 dýuým ýa-da dişli ululykda kesiň. Gazana karam, duz we kimyon goşup, käşir we sogan bilen zyňyň.

Gaplaň we 3 minut bişirmeli. Gök önümleri goşuň we ýene 3-4 minut bişirmeli. Gyzgyn hyzmat ediň.

Iýmitlenme (100 gram üçin): 159 kaloriýa 17 g ýag 15 g karb 3 g belok 569 mg natriý

Bişen karam we pomidor

Taýýarlyk wagty: 5 minut.

Nahar bişirmegiň wagty: 25 minut

Hyzmatlar: 4

Kynçylyk derejesi: orta

Goşundylar:

- 1 dýuým böleklere bölünen 4 stakan karam
- 6 nahar çemçesi goşmaça bakja zeýtun ýagy, bölünýär
- 1 çaý çemçesi duz, bölünen
- 4 käse alça pomidor
- ½ çaý çemçesi täze ýer gara burç
- ½ käse grated Parmesan peýniri

Atlar:

Peçini 425 ° F çenli gyzdyryň. Bir uly tabaga karam, 3 nahar çemçesi zeýtun ýagy we as çaý çemçesi duz goşuň we deň derejede atyň. Pergament bilen örtülen çörek bişirilýän kagyzyň üstünde bir gatlak goýuň.

Anotherene bir uly gaba pomidor, galan 3 nahar çemçesi zeýtun ýagyny, as çaý çemçesi duz goşup, deň derejede atmaly. Başga bir tarelka guýuň. Kelem we pomidor ýapraklaryny 17-20 minut gowurmaly, karam çalaja gyzarýança we pomidor çökýänçä, ojakda goýuň.

Spatula ulanyp, karamy bir tabaga we üstüne pomidor, gara burç we Parmesan peýniri goýuň. Gyzgyn hyzmat ediň.

Iýmitlenme (100 gram üçin): 294 kaloriýa 14 g ýag 13 g karb 9 g belok 493 mg natriý

Bişen acorn squash

Taýýarlyk wagty: 10 minut.

Nahar bişirmegiň wagty: 35 minut

Hyzmatlar: 6

Kynçylyk derejesi: orta

Goşundylar:

- 2 sany gök, orta we uly
- 2 nahar çemçesi goşmaça bakja zeýtun ýagy
- 1 çaý çemçesi duz, tagam üçin has köp
- 5 nahar çemçesi duzlanmadyk ýag
- ¼ käse dogralan adaty ýapraklar
- 2 nahar çemçesi täze kekik ýapraklary
- ½ çaý çemçesi täze ýer gara burç

Atlar:

Peçini 400 F çenli gyzdyryň. Düwürtik gabygyny ýarym uzynlykda kesiň. Tohumlary gyryň we keseligine ¾ dýuým galyňlykdaky dilimlere kesiň. Uly tabakda gök önümi zeýtun ýagy bilen çalyň, duz sepiň we zyňyň.

Düwürtik gabygyny çörek bişirilýän kagyzyň üstünde goýuň. Bişirilýän kagyzy ojakda goýuň we kädini 20 minut bişirmeli. Käbäni spatula bilen öwüriň we ýene 15 minut bişirmeli.

Orta gazanda, ýagy orta otda erediň. Eredilen ýagyň içine adaty we kekini goşuň we 30 sekunt bişirmeli. Bişirilen kädi dilimlerini bir tabaga goýuň. Sarymsak / ösümlik garyndysyny gabygyň üstüne guýuň. Duz we gara burç bilen möwsüm. Gyzgyn hyzmat ediň.

Iýmitlenme (100 gram üçin): 188 kaloriýa 13 g ýag 16 g karb 1 g belok 836 mg natriý

Sarymsak gowrulan ysmanak

Taýýarlyk wagty: 5 minut.

Nahar bişirmegiň wagty: 10 minut

Hyzmatlar: 4

Kynçylyk derejesi: aňsat

Goşundylar:

- ¼ käse goşmaça zeýtun ýagy
- Inçe dilimlenen 1 sany uly gyzyl sogan
- 3 sany sarymsak inçejik dogralan
- 6 halta (1 funt) çaga ysmanagy, ýuwuldy
- ½ çaý çemçesi duz
- 1 limon dilimlere kesilýär

Atlar:

Zeýtun ýagyny, sogan we sarymsagy uly otda orta otda 2 minut bişirmeli. Bir halta ysmanak we as çaý çemçesi duz goşuň. Tagtany ýapyň we ysmanak 30 sekuntlap ýapyşsyn. Bir gezekde 1 halta ysmanak goşup, gaýtalaň (duzy taşlaň).

Ispana goşulanda, gapagy aýyryň we çyglylygyň bugarmagy üçin 3 minut bişirmeli. Üstüne limon zesti bilen gyzgyn hyzmat ediň.

Iýmitlenme (100 gram üçin): 301 kaloriýa 12 g ýag 29 g karb 17 g belok 639 mg natriý

Sarymsak nanasy bilen gowrulan nahar

Taýýarlyk wagty: 5 minut.

Nahar bişirmegiň wagty: 10 minut

Hyzmatlar: 4

Kynçylyk derejesi: aňsat

Goşundylar:

- 3 sany uly ýaşyl gök
- 3 nahar çemçesi goşmaça bakja zeýtun ýagy
- 1 uly sogan, inçe kesilen
- 3 sany sarymsak inçejik dogralan
- 1 çaý çemçesi duz
- 1 çaý çemçesi guradylan nan

Atlar:

Zerini ýarym santimetr kublara bölüň. Zeýtun ýagyny, sogan we sarymsagy 3 minutlap yzygiderli garmaly.

Gazana nahar we duz goşup, sogan we sarymsak bilen garmaly, 5 minut bişirmeli. Gazana nan goşup, garmaly. Anotherene 2 minut bişirmeli. Gyzgyn hyzmat ediň.

Iýmitlenme (100 gram üçin): 147 kaloriýa 16 g ýag 12 g karb 4 g belok 723 mg natriý

bugly okra

Taýýarlyk wagty: 55 minut

Nahar bişirmegiň wagty: 25 minut

Hyzmatlar: 4

Kynçylyk derejesi: aňsat

Goşundylar:

- ¼ käse goşmaça zeýtun ýagy
- 1 uly sogan, inçe kesilen
- Inçe dogralan sarymsakdan 4 sany ýorunja
- 1 çaý çemçesi duz
- 1 funt täze ýa-da doňdurylan okra, arassalanan
- 1 (15 oz.) Tomönekeý pomidor sousy
- 2 käse suw
- ½ käse täze silantro, dogralan
- ½ çaý çemçesi täze ýer gara burç

Atlar:

Zeýtun ýagyny, sogan, sarymsak we duzy 1 minut garmaly we bişirmeli. Okrany goşuň we 3 minut bişirmeli.

Pomidor sousy, suw, silantro we gara burç goşuň; wagtal-wagtal garyşdyryp, 15 minut bişirmeli we bişirmeli. Gyzgyn hyzmat ediň.

Iýmitlenme (100 gram üçin): 201 kaloriýa 6 g ýag 18 g karb 4 g belok 693 mg natriý

Süýji gök önümlerden doldurylan burç

Taýýarlyk wagty: 20 minut.

Nahar bişirmegiň wagty: 30 minut

Hyzmatlar: 6

Kynçylyk derejesi: orta

Goşundylar:

- 6 sany uly jaň burç, dürli reňk
- 3 nahar çemçesi goşmaça bakja zeýtun ýagy
- 1 uly sogan, inçe kesilen
- 3 sany sarymsak inçejik dogralan
- 1 inçe dogralan käşir
- 1 (16 oz.) Nohut, ýuwulmaly we guradylýar
- 3 käse bişirilen tüwi
- 1½ çaý çemçesi duz
- ½ çaý çemçesi täze ýer gara burç

Atlar:

Peçini 350 ° F çenli gyzdyryň. Dik durup bilýän burç saýlamagy unutmaň. Burçlaryň gapaklaryny kesiň, tohumlary aýyryň we soňra ätiýaçda saklaň. Burçlary çörek bişirilýän ýere goýuň.

Zeýtun ýagyny, sogan, sarymsak we käşir 3 minut gyzdyryň. Nohut goşuň. Anotherene 3 minut bişirmeli. Gazany otdan çykaryň we bişirilen maddalary uly tabaga guýuň. Tüwi, duz we burç goşuň; garyşdyryň.

Her burçuň üstüne dolduryň, soňra burç gapaklaryny ýzyna goýuň. Tarelini alýumin folga bilen çyzyp, 25 minut bişirmeli. Folgany aýyryň we ýene 5 minut bişirmeli. Gyzgyn hyzmat ediň.

Iýmitlenme (100 gram üçin): 301 kaloriýa 15 g ýag 50 g karb 8 g belok 803 mg natriý

Bägül Mussaka

Taýýarlyk wagty: 55 minut

Nahar bişirmegiň wagty: 40 minut

Hyzmatlar: 6

Kynçylyk derejesi: Kyn

Goşundylar:

- 2 sany uly baklajan
- 2 çaý çemçesi duz, bölünen
- zeýtun ýagy pürküji
- ¼ käse goşmaça zeýtun ýagy
- 2 sany uly sogan, dilimlenen
- 10 sany sarymsak, dilimlenen
- 2 (15 unsiýa) gaplanan pomidor
- 1 (16 oz.) Nohut, ýuwulmaly we guradylýar
- 1 çaý çemçesi guradylan oregano
- ½ çaý çemçesi täze ýer gara burç

Atlar:

Bägül, keseligine ¼ dýuým galyňlykdaky tegelek disklere kesiň. Bägüliň dilimlerini 1 çaý çemçesi duz bilen sepiň we kolanda 30 minut goýuň.

Peçini 450 ° F çenli gyzdyryň. Baglajanyň dilimlerini kagyz polotensalary bilen guradyň we iki tarapyny zeýtun ýagy bilen sepiň ýa-da zeýtun ýagy bilen ýeňil çotuň.

Bägül, bir gatda çörek bişirilýän tabaga goýuň. Ojakda goýuň we 10 minut bişirmeli. Soňra spatula ulanyp, dilimleri öwrüp, ýene 10 minut bişirmeli.

Zeýtun ýagyny, sogan, sarymsagy we galan çaý çemçesi duzy duzlaň. Wagtal-wagtal garyşdyryp, 5 minut bişirmeli. Pomidor, nohut, oregano we gara burç goşuň. Pes otda 12 minut gaýnadyň, tertipsiz garmaly.

Çuňňur gazanda, baklajandan başlap, soňra sousa başlaň. Ingredhli maddalar ulanylýança gaýtalaň. Peçde 20 minut bişirmeli. Peçden çykaryň we ýyly hyzmat ediň.

Iýmitlenme (100 gram üçin): 262 kaloriýa 11 g ýag 35 g karb 8 g belok 723 mg natriý

Gök önümlerden doldurylan üzüm ýapraklary

Taýýarlyk wagty: 50 minut.
Nahar bişirmegiň wagty: 45 minut
Hyzmatlar: 8
Kynçylyk derejesi: orta

Goşundylar:

- 2 stakan ak tüwi, ýuwuldy
- 2 sany uly pomidor, dogralan
- 1 uly sogan, inçe kesilen
- 1 ýaşyl sogan sogan
- 1 stakan täze italýan petruşkasy, inçe kesilen
- 3 sany sarymsak inçejik dogralan
- 2½ çaý çemçesi duz
- ½ çaý çemçesi täze ýer gara burç
- 1 banka (16 oz.) Üzüm ýapragy
- 1 käse limon suwy
- ½ käse goşmaça zeýtun ýagy
- 4-6 käse suw

Atlar:

Tüwi, pomidor, sogan, ýaşyl sogan, petruşka, sarymsak, duz we gara burç garmaly. Üzüm ýapraklaryny guradyň we ýuwuň. Üzüm ýapraklarynyň düýbüni düýbüne goýup, uly gazana taýýarlaň. Her ýapragy goýuň we baldagyny kesiň.

Her ýapragyň düýbüne 2 nahar çemçesi tüwi garyndysyny goýuň. Taraplary epiň, soňra mümkin boldugyça berk togalaň. Üzümiň ýapraklaryny gapda goýuň, her togalanan üzüm ýapragy yzygiderli ýerleşdiriler. Üzümiň ýapraklaryny ýapmagy dowam etdiriň.

Üzüm ýapraklarynyň üstüne limon suwuny we zeýtun ýagyny seresaplyk bilen guýuň we üzüm ýapraklaryny 1 dýuým ýapmak üçin ýeterlik suw goşuň. Üzüm ýapragynyň üstünde tersine, gazanyň açylyşyndan has kiçi galyň tabak goýuň. Gazanyň gapagyny ýapyň we ýapraklaryny orta pes otda 45 minut bişirmeli. Hyzmat etmezden 20 minut duruň. Yssy ýa-da sowuk hyzmat ediň.

Iýmitlenme (100 gram üçin): 532 kaloriýa 15 g ýag 80 g karb 12 g belok 904 mg natriý

panjara baklajan rulony

Taýýarlyk wagty: 30 minut.
Nahar bişirmegiň wagty: 10 minut
Hyzmatlar: 6
Kynçylyk derejesi: orta

Goşundylar:

- 2 sany uly baklajan
- 1 çaý çemçesi duz
- 4 unsiýa geçiniň peýniri
- 1 käse ricotta
- ¼ käse täze reyhan, dogralan
- ½ çaý çemçesi täze ýer gara burç
- zeýtun ýagy pürküji

Atlar:

Bägüliň ýokarsyny kesiň we uzynlygy boýunça ¼ dýuým galyňlykda dilimläň. Dilimleri duz bilen sepiň we baklajany 15-20 minut kolanda goýuň.

Geçi peýnirini, ricotta, reyhan we burç uruň. Gril, panjara ýa-da orta ýagda ýeňil ýaglanan skeleti gyzdyryň. Bägüliň dilimlerini gury we zeýtun ýagy bilen ýeňil sepiň. Bägül, panjara, panjara ýa-da panjara goýuň we her tarapynda 3 minut bişirmeli.

Baglajany otdan çykaryň we 5 minut sowadyň. Rulon üçin, baklajanyň dilimini tekiz goýuň, bir nahar çemçesi peýnir garyndysyny dilimiň düýbüne çemçe we bulamaly. Hyzmat edýänçä derrew hyzmat ediň ýa-da sowadyň.

Iýmitlenme (100 gram üçin): 255 kaloriýa 7 g ýag 19 g karb 15 g belok 793 mg natriý

Çişikli gök önümler

Taýýarlyk wagty: 15 minut.

Nahar bişirmegiň wagty: 20 minut

Hyzmatlar: 6

Kynçylyk derejesi: aňsat

Goşundylar:

- 2 sany uly ýaşyl gök
- 2 nahar çemçesi italýan petruşkasy, inçe kesilen
- 3 sany sarymsak inçejik dogralan
- 1 çaý çemçesi duz
- 1 käse un
- 1 sany uly ýumurtga
- ½ käse suw
- 1 çaý çemçesi hamyr tozany
- 3 stakan ösümlik ýa-da awakado ýagy

Atlar:

Zerini uly gaba dogramaly. Gazana petruşka, sarymsak, duz, un, ýumurtga, suw we hamyr tozany goşup, garmaly. Uly gazanda ýa-da çuň guradyjyda, orta otda 365 ° F çenli gyzdyryň.

Bişen hamyry bir gezekde bir çemçe gyzgyn ýagyň içine atyň. Gaýnadylan çemçe ulanyp, soganlary süpüriň we 2-3 minutda altyn goňur bolýança bişirmeli. Kartoşkany ýagdan çykaryň we kagyz polotensalary bilen örtülen tabaga goýuň. Çaýly tzatziki ýa-da kremli adaty humus bilen gyzgyn hyzmat ediň.

Iýmitlenme (100 gram üçin): 446 kaloriýa 2 g ýag 19 g karb 5 g belok 812 mg natriý

peýnir bilen ysmanak tortlary

Taýýarlyk wagty: 20 minut.
Nahar bişirmegiň wagty: 40 minut
Hyzmatlar: 8
Kynçylyk derejesi: Kyn

Goşundylar:

- 2 nahar çemçesi goşmaça bakja zeýtun ýagy
- 1 uly sogan, inçe kesilen
- 2 sany sarymsak, inçe kesilen
- 3 halta (1 funt) çaga ysmanagy, ýuwuldy
- 1 stakan feta peýnir
- 1 sany uly ýumurtga
- konditer önümleri

Atlar:

Peçini 375 ° F çenli gyzdyryň. Zeýtun ýagyny, sogan we sarymsagy 3 minut gyzdyryň. Gazana ispana bir gezekde bir halta goşuň, her haltanyň arasynda egrelip biler. Jüpdek bilen garmaly. 4 minut bişirmeli. Ysmanak bişirilenden soň, gazandan artykmaç suwuklygy gysyň.

Uly tabakda feta peýniri, ýumurtga we bişirilen ysmanak garmaly. Çorbany konditer önüminiň üstünde goýuň. Hamyry 3 dýuým kwadratlara bölüň. Bir nahar çemçesi ysmanak garyndysyny bir çörek bişirilýän çöregiň ortasyna goýuň. Meýdanyň bir burçuny üçburçluk emele getirmek üçin diagonaly burça öwrüň. Tortuň gyralaryny wilkanyň gaplary bilen bilelikde basyň. Squarehli meýdançalar dolýança gaýtalaň.

Tortlary pergament kagyzy bilen örtülen çörek bişirilýän kagyzyň üstünde goýuň we 25-30 minut bişirmeli ýa-da altyn goňur bolýança bişirmeli. Warmyly ýa-da otag temperaturasynda hyzmat ediň.

Iýmitlenme (100 gram üçin): 503 kaloriýa 6 g ýag 38 g karb 16 g belok 836 mg natriý

hyýar dişleýär

Taýýarlyk wagty: 5 minut.

Nahar bişirmegiň wagty: 0 minut

Hyzmatlar: 12

Kynçylyk derejesi: aňsat

Goşundylar:

- 1 dilimlenen hyýar
- 8 bölek bugdaý çöregi
- 2 nahar çemçesi krem peýniri, ýumşak
- 1 nahar çemçesi dogralan çaýlar
- ¼ käse awakado, gabykly, gabykly we püresi
- 1 çaý çemçesi gorçisa
- Dadyp görmek üçin duz we gara burç

Atlar:

Püresi awakadony her bölek çöregiň üstüne ýaýradyň, hyýar dilimlerinden başga galan maddalary ýaýradyň.

Çörek dilimlerini çörek dilimleriniň arasynda bölüň, her dilimini üçden birine bölüň, tabakda tertipläň we işdäaçar bolup hyzmat ediň.

Iýmitlenme (100 gram üçin): 187 kaloriýa 12,4 g ýag 4,5 g karb 8,2 g belok 736 mg natriý

gatyk

Taýýarlyk wagty: 10 minut.

Nahar bişirmegiň wagty: 0 minut

Hyzmatlar: 6

Kynçylyk derejesi: aňsat

Goşundylar:

- 2 käse grek gatyk
- 2 nahar çemçesi tostlanan we dogralan pisse
- Bir çümmük duz we ak burç.
- 2 nahar çemçesi ýer nanasy
- 1 nahar çemçesi kalamata zeýtunlary dogralan we dogralan
- ¼ käse möwsümleýin zaatar
- ¼ käse nar tohumy
- 1/3 käse zeýtun ýagy

Atlar:

Gatyky pisse we beýleki maddalar bilen garmaly, gowy garmaly, ownuk äýneklere bölüň we gapdaldaky pita çipleri bilen hyzmat ediň.

Iýmitlenme (100 gram üçin): 294 kaloriýa 18 g ýag 2 g karb 10 g belok 593 mg natriý

pomidor brushetta

Taýýarlyk wagty: 10 minut.
Nahar bişirmegiň wagty: 10 minut
Hyzmatlar: 6
Kynçylyk derejesi: aňsat

Goşundylar:

- 1 baget, dilimlenen
- 1/3 käse dogralan reyhan
- 6 pomidor, dogralan
- 2 sany sarymsak, inçe kesilen
- Bir çümmük duz we gara burç.
- 1 çaý çemçesi zeýtun ýagy
- 1 nahar çemçesi balzam sirkesi
- As çaý çemçesi sarymsak tozy
- bişirmek üçin spreý

Atlar:

Baget dilimlerini pergament kagyzy we palto bilen bişirilen çörek bişirilýän kagyzyň üstünde goýuň. 400 dereje 10 minut bişirmeli.

Pomidorlary reyhan we beýleki maddalar bilen garmaly, gowy garmaly we 10 minut durmaly. Pomidor garyndysyny her baget diliminiň arasynda bölüň, tabaga goýuň we hyzmat ediň.

Iýmitlenme (100 gram üçin): 162 kaloriýa 4 g ýag 29 g karb 4 g belok 736 mg natriý

Zeýtun we peýnir bilen doldurylan pomidor

Taýýarlyk wagty: 10 minut.

Nahar bişirmegiň wagty: 0 minut

Hyzmatlar: 24

Kynçylyk derejesi: aňsat

Goşundylar:

- 24 sany alça pomidor, ýokarsyny kesip, içini süpüriň
- 2 nahar çemçesi zeýtun ýagy
- ¼ çaý çemçesi gyzyl burç çemçe
- ½ käse feta peýnir
- 2 nahar çemçesi gara zeýtun pastasy
- ¼ käse nan, ýyrtyldy

Atlar:

Bir tabakda zeýtun pastasyny alça pomidoryndan başga galan maddalar bilen garmaly we gowy garmaly. Çerkez pomidorlaryny bu garyndy bilen dolduryň, bir tabaga goýuň we işdäaçar bolup hyzmat ediň.

Iýmitlenme (100 gram üçin): 136 kaloriýa 8,6 g ýag 5,6 g karb 5.1 g belok 648 mg natriý

burç tapenadasy

Taýýarlyk wagty: 10 minut.

Nahar bişirmegiň wagty: 0 minut

Hyzmatlar: 4

Kynçylyk derejesi: aňsat

Goşundylar:

- 7 unsi gowrulan gyzyl jaň burç, dogralan
- ½ käse grated parmesan
- 1/3 käse dogralan petruşka
- 14 unsiýa konserwirlenen artokok, guradylan we dogralan
- 3 nahar çemçesi zeýtun ýagy
- ¼ käse gapaklary, suw
- 1 we ½ nahar çemçesi limon suwy
- 2 sany sarymsak, inçe kesilen

Atlar:

Blenderde gyzyl burç Parmesan we beýleki maddalar bilen birleşdiriň we impuls gowy. Stakana bölüň we nahar hökmünde hyzmat ediň.

Iýmitlenme (100 gram üçin): 200 kaloriýa 5,6 g ýag 12,4 g karb 4,6 g belok 736 mg natriý

cilantro falafel

Taýýarlyk wagty: 10 minut.

Nahar bişirmegiň wagty: 10 minut

Hyzmatlar: 8

Kynçylyk derejesi: aňsat

Goşundylar:

- 1 käse konserwirlenen nohut
- 1 petruşka ýapragy
- 1 sary sogan, inçe kesilen
- 5 sany ownuk sarymsak
- 1 çaý çemçesi ýer koriander
- Bir çümmük duz we gara burç.
- ¼ çaý çemçesi kaýen burç
- ¼ çaý çemçesi çörek sodasy
- ¼ çaý çemçesi kimyon tozy
- 1 çaý çemçesi limon suwy.
- 3 nahar çemçesi tapioka uny
- gowurmak üçin zeýtun ýagy

Atlar:

Iýmit gaýtadan işleýjisinde noýba petruşkasy, sogan we ýagdan we undan başga ähli maddalary birleşdiriň we gowy garmaly. Garyndyny bir tabaga guýuň, un goşuň, gowy garmaly, bu garyndydan 16 sany ownuk top emele getiriň we biraz tekizläň.

Gazany orta ýokary otda gyzdyryň, falafeliň ýarysyny goşuň, her tarapynda 5 minut bişirmeli, kagyz polotensalaryna goýuň, artykmaç ýagy taşlaň, tabaga goýuň we işdäaçar bolup hyzmat ediň.

Iýmitlenme (100 gram üçin): 122 kaloriýa 6.2 g ýag 12,3 g karb 3,1 g belok 699 mg natriý

gyzyl burç humus

Taýýarlyk wagty: 10 minut.
Nahar bişirmegiň wagty: 0 minut
Hyzmatlar: 6
Kynçylyk derejesi: aňsat

Goşundylar:

- 6 unsi gowrulan gyzyl jaň burç, gabykly we dogralan
- 16 unsiýa konserwirlenen nohut, guradylan we ýuwulan
- ¼ käse grek gatyk
- 3 nahar çemçesi tahini pastasy
- 1 limonyň şiresi
- 3 sany sarymsak inçejik dogralan
- 1 nahar çemçesi zeýtun ýagy
- Bir çümmük duz we gara burç.
- 1 nahar çemçesi dogralan petruşka

Atlar:

Iýmit gaýtadan işleýjisinde, gyzyl burçdan ýag we petruşkadan başga galan maddalar bilen birleşdiriň we impuls gowy. Oilag goşuň, ýene zyňyň, äýnege bölüň, petruşkanyň üstüne sepiň we ýarym mata bolup hyzmat ediň.

Iýmitlenme (100 gram üçin): 255 kaloriýa 11,4 g ýag 17,4 g karb 6,5 g belok 593 mg natriý

ak noýba

Taýýarlyk wagty: 10 minut.
Nahar bişirmegiň wagty: 0 minut
Hyzmatlar: 4
Kynçylyk derejesi: aňsat

Goşundylar:

- 15 unsiýa konserwirlenen deňiz noýbasy, guradyldy we ýuwuldy
- 6 unsi konserwirlenen artokok ýürekleri, guradylan we dörän
- 4 sany sarymsak, dogralan
- 1 nahar çemçesi dogralan reyhan
- 2 nahar çemçesi zeýtun ýagy
- ½ limonyň şiresi
- Ated grated gabygy
- Dadyp görmek üçin duz we gara burç

Atlar:

Iýmit gaýtadan işleýjisinde noýbalary artikoklar we ýag we baklaglardan başga galan maddalar bilen birleşdiriň. Theuwaş-ýuwaşdan ýag goşuň, garyndyny ýene basyň, käselere bölüň we suwa batyryň.

Iýmitlenme (100 gram üçin): 27 kaloriýa 11,7 g ýag 18,5 g karb 16,5 g belok 668 mg natriý

Ownuk guzy bilen Hummus

Taýýarlyk wagty: 10 minut.

Nahar bişirmegiň wagty: 15 minut

Hyzmatlar: 8

Kynçylyk derejesi: aňsat

Goşundylar:

- 10 unsiýa humus
- 12 oz guzy
- ½ käse nar tohumlary
- ¼ käse dogralan petruşka
- 1 nahar çemçesi zeýtun ýagy
- Pita çipleri bilen hyzmat ediň

Atlar:

Gazany orta ýokary otda gyzdyryň, et goşuň we ýygy-ýygydan 15 minut bişirmeli. Humusy bir tabaga ýaýlaň, ownuk guzy bilen sepiň, nar tohumyna we petruşka sepiň we nahar üçin pita çipleri bilen hyzmat ediň.

Iýmitlenme (100 gram üçin): 133 kaloriýa 9,7 g ýag 6,4 g karb 5,4 g belok 659 mg natriý

baklajanyň batyrylmagy

Taýýarlyk wagty: 10 minut.

Nahar bişirmegiň wagty: 40 minut

Hyzmatlar: 4

Kynçylyk derejesi: aňsat

Goşundylar:

- Çeňňek bilen ownuk böleklere bölünen 1 sany baklajan
- 2 nahar çemçesi tahini pastasy
- 2 nahar çemçesi limon suwy
- 2 sany sarymsak, inçe kesilen
- 1 nahar çemçesi zeýtun ýagy
- Dadyp görmek üçin duz we gara burç
- 1 nahar çemçesi dogralan petruşka

Atlar:

Bägül, çörek bişirilýän gapda goýuň, 400 F-da 40 minut bişirmeli, salkynlaň, gabyklaň we iýmit gaýtadan işleýjisine geçiriň. Petruşkadan başga, beýleki maddalary birleşdiriň, gowy ýuwuň, ownuk tabaklara bölüň we petruşka sepilen işdäaçar bolup hyzmat ediň.

Iýmitlenme (100 gram üçin): 121 kaloriýa 4.3 g ýag 1,4 g karb 4,3 g belok 639 mg natriý

gök önümleri gowurmaly

Taýýarlyk wagty: 10 minut.

Nahar bişirmegiň wagty: 10 minut

Hyzmatlar: 8

Kynçylyk derejesi: aňsat

Goşundylar:

- 2 sany sarymsak, inçe kesilen
- 2 sany sary sogan, inçe kesilen
- 4 inçe dogralan bahar sogan
- 2 sany owradylan käşir
- 2 çaý çemçesi ýer kimyon
- As çaý çemçesi zerdejik tozy
- Dadyp görmek üçin duz we gara burç
- ¼ çaý çemçesi ýer koriander
- 2 nahar çemçesi dogralan petruşka
- ¼ çaý çemçesi limon suwy
- ½ käse badam uny
- 2 sany çig mal, gabykly we grated
- 2 ýumurtga
- ¼ käse tapioka uny
- 3 nahar çemçesi zeýtun ýagy

Atlar:

Bir tabakda sarymsagy sogan, bahar sogan we ýagdan başga galan maddalar bilen garmaly, gowy garmaly we bu garyndy bilen orta kubikleri emele getiriň.

Gazany orta ýokary otda gyzdyryň, fritleri üstünde goýuň, her tarapynda 5 minut bişirmeli, bir tabaga goýuň we hyzmat ediň.

Iýmitlenme (100 gram üçin): 209 kaloriýa 11,2 g ýag 4,4 g karb 4,8 g belok 726 mg natriý

Bulgur guzy köfte

Taýýarlyk wagty: 10 minut.
Nahar bişirmegiň wagty: 15 minut
Hyzmatlar: 6
Kynçylyk derejesi: aňsat

Goşundylar:

- 1 we ½ käse grek gatyk
- As çaý çemçesi kimyon, ýer
- 1 stakan hyýar, grated
- As çaý çemçesi ownuk sarymsak
- Bir çümmük duz we gara burç.
- 1 käse bulgur
- 2 käse suw
- 1 kilo guzy, ownuk
- ¼ käse dogralan petruşka
- ¼ käse dogralan çorbalar
- As çaý çemçesi çemçe, ýer
- ½ çaý çemçesi ýer darçyny
- 1 nahar çemçesi zeýtun ýagy

Atlar:

Bulgury suw bilen garmaly, tabagy ýapyň, 10 minut durmaly, suw guýuň we bir tabaga guýuň. Et, gatyk we ýagdan başga maddalary goşuň, gowy garmaly we bu garyndydan orta köfte emele getiriň. Gazany orta ýokary otda gyzdyryň, köfteleri üstünde goýuň, her tarapyny 7 minut bişirmeli, bir tabaga goýuň we işdäaçar bolup hyzmat ediň.

Iýmitlenme (100 gram üçin): 300 kaloriýa 9,6 g ýag 22,6 g karb 6,6 g belok 644 mg natriý

hyýar dişleýär

Taýýarlyk wagty: 10 minut.
Nahar bişirmegiň wagty: 0 minut
Hyzmatlar: 12
Kynçylyk derejesi: aňsat

Goşundylar:

- 32 dilim bilen kesilen 1 iňlis hyýar
- 10 unsiýa humus
- 16 sany alça pomidor, ýarym
- 1 nahar çemçesi dogralan petruşka
- 1 unsiýa feta peýnir

Atlar:

Her hyýar tegelegine humus ýaýradyň, pomidoryň ýarysyny hersine bölüň, peýnir we petruşka sepiň we işdäaçar bolup hyzmat ediň.

Iýmitlenme (100 gram üçin): 162 kaloriýa 3,4 g ýag 6,4 g karb 2,4 g belok 702 mg natriý

Doldurylan awokado

Taýýarlyk wagty: 10 minut.

Nahar bişirmegiň wagty: 0 minut

Hyzmatlar: 2

Kynçylyk derejesi: aňsat

Goşundylar:

- 1 awakado ýarym kesildi we ýerleşdirildi
- 10 oz tuna, gurap bilýär
- 2 nahar çemçesi gün guradylan pomidor, dogralan
- 1 we ½ nahar çemçesi reyhan pesto
- 2 nahar çemçesi gara zeýtun, dogralan we dogralan
- Dadyp görmek üçin duz we gara burç
- 2 çaý çemçesi tostlanan we dogralan sosna hozy
- 1 nahar çemçesi dogralan reyhan

Atlar:

Tunany gün bilen guradylan pomidor we awokadodan başga galan maddalar bilen garmaly we garmaly. Awakado ýarysyny tuna garyndysy bilen dolduryň we işdäaçar bolup hyzmat ediň.

Iýmitlenme (100 gram üçin): 233 kaloriýa 9 g ýag 11,4 g karb 5,6 g belok 735 mg natriý

gaplanan erik

Taýýarlyk wagty: 5 minut.
Nahar bişirmegiň wagty: 0 minut
Hyzmatlar: 8
Kynçylyk derejesi: aňsat

Goşundylar:

- 16 unsiýa bölünen 2 unsi prosciutto
- 4 erik
- 1 nahar çemçesi dogralan çaýlar
- Bir çümmük gyzyl burç

Atlar:

Her erik çärýegini prosciutto dilimine örtüň, tabaga goýuň, bahar sogan we paprika sepiň we hyzmat ediň.

Iýmitlenme (100 gram üçin): 30 kaloriýa 1 g ýag 4 g karb 2 g belok 439 mg natriý

Marinirlenen feta we artokok

Taýýarlyk wagty: 10 minut, goşmaça 4 sagat hereketsizlik

Nahar bişirmegiň wagty: 10 minut

Hyzmatlar: 2

Kynçylyk derejesi: aňsat

Goşundylar:

- ½ dýuým kublara bölünen adaty grek feta peýniri
- 4 unsiýa uzynlygyna bölünen artokok ýürekleri gurady
- 1/3 käse goşmaça bakja zeýtun ýagy
- 1 limonyň şiresi we şiresi
- 2 nahar çemçesi gaty dogralan täze biberi
- 2 nahar çemçesi dogralan täze petruşka
- As çaý çemçesi gara burç

Atlar:

Feta peýniri we artokok ýüreklerini aýna jamda garmaly. Zeýtun ýagyny, limon şiresi we şiresi, bibariýa, petruşka we burç burçlaryny goşuň we feta ýykylmazlygy üçin seresap boluň.

4 sagat ýa-da 4 güne çenli sowadyň. Hyzmat etmezden 30 minut öň holodilnikden çykaryň.

Iýmitlenme (100 gram üçin): 235 kaloriýa 23 g ýag 1 g karb 4 g belok 714 mg natriý

Tuna kroket

Taýýarlyk wagty: 40 minut, sowatmak üçin bir gije goşmaça sagat
Nahar bişirmegiň wagty: 25 minut
Hyzmatlar: 36
Kynçylyk derejesi: Kyn

Goşundylar:

- 6 nahar çemçesi goşmaça bakja zeýtun ýagy, üstesine 1-2 käse
- 5 nahar çemçesi badam uny, üstesine 1 käse bölünýär
- 1¼ käse agyr krem
- Zeýtun ýagyna örtülen 1 sary (4 oz.) Saryfin tunesi
- 1 nahar çemçesi dogralan gyzyl sogan
- 2 çaý çemçesi dogralan gaplar
- As çaý çemçesi guradylan ukrop
- ¼ çaý çemçesi täze ýer gara burç
- 2 sany uly ýumurtga
- 1 käse panko çörek bölekleri (ýa-da glýutsiz wersiýa)

Atlar:

6 nahar çemçesi zeýtun ýagyny orta pes otda uly skletde gyzdyryň.

5 nahar çemçesi badam ununy goşuň we ýumşak pasta emele getirýänçä we un ýeňil bolýança 2-3 minutlap yzygiderli garmaly.

Heatylylygy orta derejä öwüriň we ýuwaş-ýuwaşdan agyr kremde garmaly, yzygiderli çişiriň, doly tekiz we galyň bolýança, ýene 4-5 minut. Tuna, gyzyl sogan, ýaprak, ukrop we burç aýyryň we goşuň.

Garyndyny zeýtun ýagy bilen gowy örtülen 8 dýuým inedördül çörek bişirilýän gapda goýuň we otag temperaturasynda bir gapdalda goýuň. 4 sagatlap ýa-da bir gijä çenli sowadyň. Kroketi şekillendirmek üçin üç jamy tertipläň. Eggsumurtgalary birinde uruň. Başga birinde galan badam ununy goşuň. Üçünjisinde panko goşuň. Çörek bişirilýän kagyz bilen çyzyk.

Bir nahar çemçesi sowuk taýýarlanan hamyry un garyndysyna taşlaň we togalamaly. Artykmaçlygy silkip, el bilen ýumurtga atyň.

Kroketi urlan ýumurtga batyryň, soňra panko bilen inçejik örtüň. Çyzykly tarelka goýuň we galan hamyr bilen gaýtalaň.

Ownuk skeletde galan 1-2 stakan zeýtun ýagyny orta ýokary otda gyzdyryň.

Hotag gyzanda, gazanyň ululygyna baglylykda kroketleri bir gezekde 3-4 gezek gowurmaly, soňra altyn goňur bolanda, çemçe bilen aýyryň. Burninganmazlygy üçin wagtal-wagtal ýagyň temperaturasyny sazlamaly bolarsyňyz. Hamyr gaty çalt goňur bolsa, temperaturany peseldiň.

Iýmitlenme (100 gram üçin): 245 kaloriýa 22 g ýag 1 g karb 6 g belok 801 mg natriý

kakadylan losos crudite

Taýýarlyk wagty: 10 minut.
Nahar bişirmegiň wagty: 15 minut
Hyzmatlar: 4
Kynçylyk derejesi: aňsat

Goşundylar:

- 6 unsiýa kakadylan ýabany losos
- 2 nahar çemçesi gowrulan sarymsak aioli
- 1 nahar çemçesi Dijon gorçisa
- 1 nahar çemçesi dogralan çaýlar, diňe ýaşyl bölekler
- 2 çaý çemçesi dogralan gaplar
- As çaý çemçesi guradylan ukrop
- 4 endik naýza ýa-da roma salat ýürekleri
- ½ Iňlis hyýar, dilimlenen ¼ dýuým

Atlar:

Çekilen lososy uly kublara bölüň we ownuk tabaga goýuň. Aioli, Dijon, gabygy, kepir we ukrop goşup, gowy garmaly. Endiw baldagy we hyýar dilimlerini bir nahar çemçesi kakadylan losos garyndysy bilen ýuwuň we sowuk iýiň.

Iýmitlenme (100 gram üçin): 92 kaloriýa 5 g ýag 1 g karb 9 g belok 714 mg natriý

Sitrus miweleri bilen marinirlenen zeýtun

Taýýarlyk wagty: 4 sagat.

Nahar bişirmegiň wagty: 0 minut

Hyzmatlar: 2

Kynçylyk derejesi: aňsat

Goşundylar:

- 2 käse garylan ýaşyl zeýtun
- ¼ käse gyzyl çakyr sirkesi
- ¼ käse goşmaça zeýtun ýagy
- Inçe dogralan sarymsakdan 4 sany ýorunja
- 1 uly apelsiniň gabygy we şiresi
- 1 çaý çemçesi gyzyl burç çemçe
- 2 aýlaw ýapragy
- As çaý çemçesi ýer kimini
- As çaý çemçesi toprak

Atlar:

Zeýtun, sirke, ýag, sarymsak, mämişi görnüşi we şiresi, gyzyl burç çemçesi, aýlag ýapraklary, kimyon we sogan goşup, gowy garmaly. Zeýtunlaryň marinatlanmagyna we hyzmat etmezden ozal täzeden garylmagyna ýol bermek üçin 4 sagat ýa-da bir hepde çenli sowadyň.

Iýmitlenme (100 gram üçin): 133 kaloriýa 14 g ýag 2 g karb 1 g belok 714 mg natriý

Zeýtun tapenad ansiýalary

Taýýarlyk wagty: 1 sagat 10 minut
Nahar bişirmegiň wagty: 0 minut
Hyzmatlar: 2
Kynçylyk derejesi: orta

Goşundylar:

- 2 käse Kalamata zeýtun ýa-da beýleki gara zeýtun
- 2 inçe kesilen ansi filesi
- 2 çaý çemçesi dogralan gaplar
- 1 sarymsak inçejik dogralan
- 1 gaýnadylan ýumurtganyň sarysy
- 1 çaý çemçesi Dijon gorçisa
- ¼ käse goşmaça zeýtun ýagy
- Hyzmat etmek üçin tegelek, köpugurly iýmitler ýa-da gök önümler (islege görä)

Atlar:

Zeýtunlary sowuk suwda ýuwuň we gowy suwlaň. Dökülen zeýtunlary, ansiýalary, ýapraklary, sarymsagy, ýumurtganyň sarysyny we Dijony iýmit prosessoryna, blender ýa-da uly küýze (taýak blenderini ulanýan bolsaňyz) goýuň. Yzygiderli galyň pasta emele getiriň. Işleýän wagtyňyz ýuwaş-ýuwaşdan zeýtun ýagyny goşuň.

Tagamlaryň ösmegi üçin kiçijik bir tabaga salyň, azyndan 1 sagat sowadyň. Tohumly krakerler bilen, köpugurly tegelek sendwiçiň üstünde ýa-da halaýan gök önümleriňiz bilen hyzmat ediň.

Iýmitlenme (100 gram üçin): 179 kaloriýa 19 g ýag 2 g karb 2 g belok 82 mg natriý

Gresiýaly ýumurtga

Taýýarlyk wagty: 45 minut.

Nahar bişirmegiň wagty: 15 minut

Hyzmatlar: 4

Kynçylyk derejesi: aňsat

Goşundylar:

- 4 sany gaty gaýnadylan ýumurtga
- 2 nahar çemçesi gowrulan sarymsak aioli
- ½ käse inçejik döwülen feta peýnir
- 8 Kalamata zeýtunlary kesildi we kesildi
- 2 nahar çemçesi dogralan gün guradylan pomidor
- 1 nahar çemçesi dogralan gyzyl sogan
- As çaý çemçesi guradylan ukrop
- ¼ çaý çemçesi täze ýer gara burç

Atlar:

Gaty gaýnadylan ýumurtgalary ýarym uzynlykda kesiň, sarysyny aýyryň we sarysyny orta gaba goýuň. Eggumurtga aklarynyň ýarysyny bir gapdalda goýuň. Sarysyny wilka bilen gowy garmaly. Aioli, feta peýnir, zeýtun, güneşli pomidor, sogan, ukrop we burç goşup, tekiz we krem bolýança garmaly.

Dolduryşy her ýumurtganyň ak ýarysyna guýuň we 30 minut ýa-da 24 sagada çenli sowadyň.

Iýmitlenme (100 gram üçin): 147 kaloriýa 11 g ýag 6 g karb 9 g belok 736 mg natriý

La Mança köke

Taýýarlyk wagty: 1 sagat 15 minut
Nahar bişirmegiň wagty: 15 minut
Hyzmatlar: 20
Kynçylyk derejesi: Kyn

Goşundylar:

- 4 nahar çemçesi ýag, otag temperaturasynda
- 1 stakan inçe grated Manchego peýniri
- 1 käse badam uny
- 1 çaý çemçesi duz, bölünen
- ¼ çaý çemçesi täze ýer gara burç
- 1 uly ýumurtga

Atlar:

Elektrik garyjy ulanyp, ýagy we grated peýniri gowy birleşýänçä uruň. Badam ununy ½ çaý çemçesi duz we burç bilen garmaly. Badam ununyň garyndysyny kem-kemden goşup, hamyr top emele getirýänçä yzygiderli garmaly.

Pergamentiň ýa-da plastmassa örtügiň bir bölegini goýuň we 1,5 dýuým galyňlykda silindr görnüşli logda oklaň. Gaty möhürläň we azyndan 1 sagat doňduryň. Peçini 350 ° F çenli gyzdyryň. 2-nji setirde pergament kagyzy ýa-da silikon çörek bişirilýän kagyzlar.

Beatenumurtgany taýýarlamak üçin ýumurtgany we galan as çaý çemçesi duzy garmaly. Sowadylan hamyry ¼ dýuým galyňlykda ownuk böleklere bölüň we hatarlanan çörek bişirilýän kagyzyň üstünde goýuň.

Biskwitleriň ýokarsyny ýumurtga bilen ýuwuň we biskwitler altyn goňur we çişik bolýança bişiriň. Sowatmak üçin simiň üstünde goýuň.

Warmyly hyzmat ediň ýa-da doly sowadylan bolsa, 1 hepdä çenli sowadyjyda howa geçirmeýän gapda saklaň.

Iýmitlenme (100 gram üçin): 243 kaloriýa 23 g ýag 1 g karb 8 g belok 804 mg natriý

Burrata Kaprese Stack

Taýýarlyk wagty: 5 minut.

Nahar bişirmegiň wagty: 0 minut

Hyzmatlar: 4

Kynçylyk derejesi: aňsat

Goşundylar:

- 1 sany uly organiki pomidor, has gowusy miras
- ½ çaý çemçesi duz
- ¼ çaý çemçesi täze ýer gara burç
- 1 top (4 unsiýa) burrata peýniri
- 8 inçe dilimlenen täze reyhan ýapragy
- 2 nahar çemçesi goşmaça bakja zeýtun ýagy
- 1 nahar çemçesi gyzyl çakyr ýa-da balzam sirkesi

Atlar:

Pomidorlary 4 galyň dilim bilen kesiň, ýadrosyny gaty ýadrodan aýyryň we duz we burç sepiň. Pomidorlary tagamly tarapy bilen bir tabaga goýuň. Aýry-aýry çyzylan tabakda burratany 4 galyň dilim bilen kesiň we her pomidor diliminiň üstünde bir dilim goýuň. Fesleiniň dörtden bir bölegi bilen üstüne atyň we ätiýaçdan ýasalan burrata kremini çemçe.

Zeýtun ýagy we sirke bilen çalyň, soňra vilka we pyçak bilen hyzmat ediň.

Iýmitlenme (100 gram üçin):153 kaloriýa 13 g ýag 1 g karb 7 g belok 633 mg natriý

Limon sarymsak Aioli bilen gowrulan Zucchini Rikotta

Taýýarlyk wagty: 10 minut goşmaça 20 minut dynç almak
Nahar bişirmegiň wagty: 25 minut
Hyzmatlar: 4
Kynçylyk derejesi: Kyn

Goşundylar:

- 1 uly ýa-da 2 kiçi / orta gök
- 1 çaý çemçesi duz, bölünen
- ½ stakan tutuş süýt ricotta peýniri
- 2 bahar sogan
- 1 uly ýumurtga
- 2 sany sarymsak inçejik dogralan
- 2 nahar çemçesi ownuk nan (goşmaça)
- 2 çaý çemçesi limon gabygy
- ¼ çaý çemçesi täze ýer gara burç
- ½ käse badam uny
- 1 çaý çemçesi hamyr tozany
- 8 nahar çemçesi goşmaça bakja zeýtun ýagy
- 8 nahar çemçesi gowrulan sarymsak aioli ýa-da awakado ýagy maýonez

Atlar:

Grated gabygyny kolanda ýa-da birnäçe kagyz polotensasyna goýuň. As çaý çemçesi duz sepiň we 10 minut duruň. Kagyz polotensalarynyň başga bir gatlagyny ulanyp, artykmaç çyglylygy çykarmak we guratmak üçin gök düwmesini basyň. Guradylan gök, ricotta, gabygy, ýumurtga, sarymsak, nan (eger ulanýan bolsaňyz), limon görnüşi, galan ½ çaý çemçesi duz we burç bilen garmaly.

Badam ununy we hamyr tozanyny köpük bolýança garmaly. Zeriniň garyndysyna un garyndysyny goşuň we 10 minut dynç alyň. Dört partiýada işledip, gowurmalary uly gazanda gowurmaly. Dört partiýanyň her biri üçin 2 nahar çemçesi zeýtun ýagyny orta ýokary otda gyzdyryň. Düwürdilen ýumurtga üçin 1 nahar çemçesi nahar çemçesi goşuň we 2-3 dýuým dogramaly ýumurtga emele getirmek üçin bir çemçeň arkasy bilen aşak basyň. Aýlanmazdan ozal 2 minut ýapyň we tostlaň. Anotherene 2-3 minut bişirmeli, örtülen ýa-da çişik, altyn goňur we bişýänçä bişirmeli. Burninganmazlyk üçin ýylylygy ortaça azaltmaly bolmagyňyz mümkin. Gazandan çykaryň we ýyly saklaň.

Her partiýa üçin 2 nahar çemçesi zeýtun ýagyny ulanyp, galan üç partiýa üçin gaýtalaň. Aioli bilen gyzgyn gowurma hyzmat ediň.

Iýmitlenme (100 gram üçin): 448 kaloriýa 42 g ýag 2 g karb 8 g belok 744 mg natriý

Sogan bilen doldurylan hyýar

Taýýarlyk wagty: 10 minut.

Nahar bişirmegiň wagty: 0 minut

Hyzmatlar: 4

Kynçylyk derejesi: aňsat

Goşundylar:

- 2 sany uly hyýar, gabykly
- 1 (4 oz.) Sockeye losos
- 1 gaty bişen orta awakado
- 1 nahar çemçesi goşmaça bakja zeýtun ýagy
- Zek we 1 hek şiresi
- 3 nahar çemçesi dogralan täze koriander
- ½ çaý çemçesi duz
- ¼ çaý çemçesi täze ýer gara burç

Atlar:

Sogan 1 dýuým galyňlykda kesip, her diliminiň ortasyndan tohumlary gyryp, bir tabakda goýmak üçin bir çemçe ulanyň. Orta tabakda losos, awakado, zeýtun ýagy, hek şiresi we şiresi, silantro, duz we burç birleşdiriň we krem bolýança zyňyň.

Sogan garyndysyny her hyýar bölüminiň ortasyna çemçe we sowuga hyzmat ediň.

Iýmitlenme (100 gram üçin): 159 kaloriýa 11 g ýag 3 g karb 9 g belok 739 mg natriý

Geçi peýniri we maker pate

Taýýarlyk wagty: 10 minut.
Nahar bişirmegiň wagty: 0 minut
Hyzmatlar: 4
Kynçylyk derejesi: aňsat

Goşundylar:

- Zeýtun ýagyna örtülen 4 oz ýabany maker
- 2 unsiýa geçiniň peýniri
- 1 limonyň şiresi we şiresi
- 2 nahar çemçesi dogralan täze petruşka
- 2 nahar çemçesi dogralan täze arugula
- 1 nahar çemçesi goşmaça bakja zeýtun ýagy
- 2 çaý çemçesi dogralan gaplar
- 1-2 çaý çemçesi täze atly (goşmaça)
- Hyzmat etmek üçin krakerler, dilimlenen hyýar, endiw ýa-da selderýa (islege görä)

Atlar:

Iýmit gaýtadan işleýjisinde, blenderde ýa-da uly tabakda, kepek, geçiniň peýniri, limon görnüşi we şiresi, petruşka, arugula, zeýtun ýagy, kepir we at atyny birleşdiriň (ulanýan bolsaňyz).
Smoothumşak we kremli bolýança işlediň ýa-da garyşdyryň.

Krakerler, hyýar dilimleri, endiw ýa-da selderýa bilen hyzmat ediň.
Sowadyjyda 1 hepdä çenli saklaň.

Iýmitlenme (100 gram üçin): 118 kaloriýa 8 g ýag 6 g karb 9 g belok 639 mg natriý

Ortaýer deňziniň ýag bombalarynyň tagamy

Taýýarlyk wagty: 4 sagat 15 minut
Nahar bişirmegiň wagty: 0 minut
Hyzmatlar: 6
Kynçylyk derejesi: orta

Goşundylar:

- 1 käse döwülen geçiniň peýniri
- 4 nahar çemçesi gaplanan pesto
- 12 sany Kalamata zeýtun, dogralan
- ½ käse inçe kesilen hoz
- 1 nahar çemçesi ownuk biberi

Atlar:

Orta tabakda geçiniň peýnirini, pesto we zeýtunlary birleşdiriň, soňra vilka bilen gowy garmaly. Berklemek üçin 4 sagat doňduryň.

Eliňizi ulanyp, garyndyny diametri ¾ dýuým töweregi 6 topa öwüriň. Garyndy ýelmeşer.

Hoz we biberi ownuk tabaga salyň we geçi peýnir toplaryny hoz garyndysyna palto bilen togalamaly. Fatagly bombalary 1 hepde çenli holodilnikde ýa-da doňduryjyda 1 aýa çenli saklaň.

Iýmitlenme (100 gram üçin):166 kaloriýa 15 g ýag 1 g karb 5 g belok 736 mg natriý

Awokado Gazpacho

Taýýarlyk wagty: 15 minut.

Nahar bişirmegiň wagty: 10 minut

Hyzmatlar: 4

Kynçylyk derejesi: aňsat

Goşundylar:

- 2 käse dogralan pomidor
- 2 sany uly bişen awokado, ýarym we dykylan
- 1 sany uly hyýar, gabykly we dykylan
- 1 sany orta jaň burç (gyzyl, mämişi ýa-da sary), inçe kesilen
- 1 stakan süýtli grek gatyk
- ¼ käse goşmaça zeýtun ýagy
- ¼ käse dogralan täze silantro
- ¼ käse dogralan gabyklar, diňe ýaşyl bölekler
- 2 nahar çemçesi gyzyl çakyr sirkesi
- 2 hek ýa-da 1 limonyň şiresi
- ½ 1 çaý çemçesi duz
- ¼ çaý çemçesi täze ýer gara burç

Atlar:

Blender ulanyp, pomidor, awakado, hyýar, jaň burç, gatyk, zeýtun ýagy, silantro, gabyk, sirke we hek suwuny birleşdiriň. Smoothumşak bolýança garmaly.

Tagamlary birleşdirmek üçin möwsüm we garmaly. Sowuga hyzmat et.

Iýmitlenme (100 gram üçin): 392 kaloriýa 32 g ýag 9 g karb 6 g belok 694 mg natriý

Gyrgyç tort salat käseleri

Taýýarlyk wagty: 35 minut.

Nahar bişirmegiň wagty: 20 minut

Hyzmatlar: 4

Kynçylyk derejesi: orta

Goşundylar:

- 1 kilo äpet gyrgyç
- 1 uly ýumurtga
- 6 nahar çemçesi gowrulan sarymsak aioli
- 2 nahar çemçesi Dijon gorçisa
- ½ käse badam uny
- ¼ käse dogralan gyzyl sogan
- 2 çaý çemçesi kakadylan paprika
- 1 çaý çemçesi selderýa duzy
- 1 çaý çemçesi sarymsak tozy
- 1 çaý çemçesi guradylan ukrop (islege görä)
- ½ çaý çemçesi täze ýer gara burç
- ¼ käse goşmaça zeýtun ýagy
- 4 sany uly Bibb salat ýapragy, galyň oňurgalar aýryldy

Atlar:

Garynjany uly gaba salyň we görünýän gabyklary atyň, soňra eti vilka bilen bölüň. Ownuk tabakda ýumurtga, 2 nahar çemçesi aioli we Dijon gorçisa garmaly. Garynja goşuň we vilka bilen garyşdyryň. Badam uny, gyzyl sogan, paprika, selderiniň duzy, sarymsak tozy, ukrop (ulanýan bolsaňyz), burç goşup, gowy garmaly. Otagyň temperaturasynda 10-15 minut duruň.

Diametri takmynan 2 dýuým bolan 8 sany kiçijik tortda şekillendiriň. Zeýtun ýagyny orta ýokary otda gyzdyryň. Tortlary altyn goňur bolýança, her tarapynda 2-3 minut bişirmeli. Gaplaň, ýylylygy peseldiň we ýene 6-8 minut bişirmeli ýa-da merkezde goýýança bişirmeli. Gazandan çykaryň.

Hyzmat etmek üçin her salat ýapragyna 2 sany ownuk gyrgyç tortuny we üstüne 1 nahar çemçesi aioli bilen örtüň.

Iýmitlenme (100 gram üçin): 344 kaloriýa 24 g ýag 2 g karb 24 g belok 804 mg natriý

Tarragon mämişi towuk salat gaplamasy

Taýýarlyk wagty: 15 minut.

Nahar bişirmegiň wagty: 0 minut

Hyzmatlar: 4

Kynçylyk derejesi: aňsat

Goşundylar:

- ½ käse ýönekeý süýt grek gatyk
- 2 nahar çemçesi Dijon gorçisa
- 2 nahar çemçesi goşmaça bakja zeýtun ýagy
- 2 nahar çemçesi täze tarragon
- ½ çaý çemçesi duz
- ¼ çaý çemçesi täze ýer gara burç
- 2 käse bişirilen bölek towuk
- ½ käse dogralan badam
- 4-8 sany uly Bibb salat ýapragy, baldagy aýrylýar
- 2 sany ownuk bişen awokado, gabykly we inçe dilimlenen
- 1 klementin ýa-da gabygy ½ kiçi mämişi (takmynan 1 nahar çemçesi)

Atlar:

Orta tabakda gatyk, gorçisa, zeýtun ýagy, tarragon, mämişi görnüşi, duz we burç birleşdiriň we krem bolýança garmaly. Parçalanan towuk göwüsini, badam we palto goşuň.

Gap-gaçlary ýygnamak üçin, her salat ýapragynyň ortasyna we ýokarsyna awokado dilimleri bilen ½ käse towuk salat garyndysyny goýuň.

Iýmitlenme (100 gram üçin):440 kaloriýa 32 g ýag 8 g karb 26 g belok 607 mg natriý

Kömelekler feta peýnir we kwino bilen dolduryl‎ýar

Taýýarlyk wagty: 5 minut.

Nahar bişirmegiň wagty: 8 minut

Hyzmatlar: 6

Kynçylyk derejesi: orta

Goşundylar:

- 2 nahar çemçesi inçe kesilen gyzyl jaň burç
- 1 sany sogan sarymsak
- ¼ käse bişirilen kwino
- 1/8 çaý çemçesi duz
- ¼ çaý çemçesi guradylan oregano
- 24 sany kömelek
- 2 unsiýa feta peýnir döwüldi
- 3 nahar çemçesi tutuş däne çörek bölekleri
- bişirmek üçin zeýtun ýagy spreýi

Atlar:

Peçini 360 ° F çenli gyzdyryň. Ownuk tabakda paprika, sarymsak, kwino, duz we oreganony birleşdiriň. Kwinony dolduryança kömelek gapaklaryna guýuň. Her kömelegiň üstüne ownuk bölek peýnir goşuň. Her kömelege feta üstüne bir çümmük çörek sepiň.

Howa guradyjy sebedi bişirmek üçin spreý bilen çyzyň, soňra kömelekleri sebete bir-birine degmeýändigine göz ýetiriň.

Sebeti ojakda goýuň we 8 minut bişirmeli. Peçden çykaryň we hyzmat ediň.

Iýmitlenme (100 gram üçin): 97 kaloriýa 4 g ýag 11 g karb 7 g belok 677 mg natriý

Sarymsak gatyk sousy bilen bäş düzümli falafel

Taýýarlyk wagty: 5 minut.

Nahar bişirmegiň wagty: 15 minut

Hyzmatlar: 4

Kynçylyk derejesi: Kyn

Goşundylar:

- <u>falafel üçin</u>
- 1 (15 oz.) Nohut, guradylan we ýuwulan
- ½ käse täze petruşka
- 2 sany sarymsak, inçe kesilen
- ½ nahar çemçesi ýer kimini
- 1 nahar çemçesi bugdaý uny
- Duz
- <u>Sarymsak we gatyk sousy üçin</u>
- 1 käse ýagsyz tebigy grek gatyk
- 1 sany sogan sarymsak
- 1 nahar çemçesi dogralan täze ukrop
- 2 nahar çemçesi limon suwy

Atlar:

Falafel ýasamak

Peçini 360 ° F çenli gyzdyryň. Nohutlary iýmit prosessoryna ýerleşdiriň. Groundere diýen ýaly uruň, soňra petruşka, sarymsak we kimyon goşuň we ingredientler pasta emele gelýänçä ýene bir minut bişirmeli.

Un goşuň. Birleşýänçä ýene birnäçe gezek impuls. Makaronyň yzygiderliligi bolar, ýöne nohutlary ownuk böleklere bölmeli. Arassa eliňiz bilen hamyry şol bir ululykdaky 8 topa öwrüň, soňra toplary ýarym galyň disklere öwüriň.

Howa guradyjy sebedi bişirmek üçin spreý bilen çyzyň, soňra falafel pattalaryny sebete bir gatda goýuň, degmeýändigine göz ýetiriň. Peçde 15 minut bişirmeli.

Sarymsak we gatyk sousyny taýýarlamak üçin

Yogogurt, sarymsak, ukrop we limon suwuny garmaly. Falafel taýýar we her tarapdan owadan reňklenensoň, peçden we möwsüme duz bilen çykaryň. Suwuň gyzgyn tarapyna ýokaryk hyzmat ediň.

Iýmitlenme (100 gram üçin): 151 kaloriýa 2 g ýag 10 g karb 12 g belok 698 mg natriý

Sarymsak zeýtun ýagy bilen limon karides

Taýýarlyk wagty: 5 minut

Nahar bişirmegiň wagty: 6 minut

Hyzmatlar: 4

Kynçylyk derejesi: orta

Goşundylar:

- 1 funt orta karides, arassalanan we dezinirlenen
- ¼ käse goşmaça 2 nahar çemçesi zeýtun ýagy, bölünýär
- ½ limonyň şiresi
- 3 sany sarymsak, ownuk we bölünen
- ½ çaý çemçesi duz
- ¼ çaý çemçesi gyzyl burç çemçe
- Hyzmat etmek üçin limon dilimleri (islege görä)
- Marinara sousy, suwa batyrmak üçin (islege görä)

Atlar:

Peçini 380 ° F çenli gyzdyryň. 2 nahar çemçesi zeýtun ýagy, limon suwy, 1/3 ownuk sarymsak, duz we gyzyl burç çemçe bilen garpyzy goşuň, soňra gowy örtüň.

Ownuk gazanda, galan ¼ käse zeýtun ýagyny we galan ownuk sarymsagy birleşdiriň. Alýumin folga 12 "x 12" (30 x 30 sm) sahypany ýyrtyň. Krepkany folgaň ortasyna goýuň, soňra gapdallaryny bukuň we gyralarynda buklaň, ýokarsynda açyk folga jamy emele getiriň. Bu paketi çörek bişirilýän sebete salyň.

Krepkany 4 minut gowurmaly, soňra guradyjyny açyň we ýag we sarymsak ramekinlerini sebetiň içine gysga paketiň gapdalynda goýuň. Anotherene 2 minut bişirmeli. Garpyzy suwa batyrmak üçin gapdalynda sarymsak zeýtun ýagy bilen tabaga ýa-da tabaga goýuň. Isleseňiz, oňa limon pürsleri we marinara sousy hem hödürlenip bilner.

Iýmitlenme (100 gram üçin): 264 kaloriýa 21 g ýag 10 g karb 16 g belok 473 mg natriý

Limon gatyk sousy bilen çişirilen ýaşyl noýba gowuryar

Taýýarlyk wagty: 5 minut.
Nahar bişirmegiň wagty: 5 minut
Hyzmatlar: 4
Kynçylyk derejesi: orta

Goşundylar:

- <u>Greenaşyl noýba üçin</u>
- 1 ýumurtga
- 2 nahar çemçesi suw
- 1 nahar çemçesi bugdaý uny
- ¼ çaý çemçesi paprika
- As çaý çemçesi sarymsak tozy
- ½ çaý çemçesi duz
- Wheat bugdaý çörek böleklerini käse
- Green ähli ýaşyl noýba
- <u>Limon we gatyk sousy üçin</u>
- ½ käse ýagsyz grek gatyk
- 1 nahar çemçesi limon suwy
- ¼ çaý çemçesi duz
- 1/8 çaý çemçesi kaýen burç

Ady:

Greenaşyl noýba taýýarlamak

Peçini 380 ° F çenli gyzdyryň.

Orta ýalpak tabakda, ýumurtgalary we suwy köpük bolýança çaýlaň. Başga bir gurşawda, ýalpak tabakda uny, paprika, sarymsak tozy we duzy garmaly, soňra çörek böleklerine garmaly.

Peçiň düýbüni bişirmek üçin spreý bilen örtüň. Her ýaşyl noýba ýumurtga garyndysyna, soňra çörek garyndysyna batyryň, daşyny gabyklar bilen örtüň. Greenaşyl noýbalary howa guradyjy sebediň düýbünde bir gatlakda goýuň.

Peçde 5 minut bişirmeli ýa-da çörek bölekleri altyn goňur bolýança bişirmeli.

Limon gatyk sousyny ýasamak

Yogogurt, limon suwy, duz we kaýen burçuny garmaly. Iýmitleri ýa-da işdäaçar hökmünde gök noýba we limon gatyk bilen gowurmaly.

Iýmitlenme (100 gram üçin): 88 kaloriýa 2 g ýag 10 g karb 7 g belok 697 mg natriý

Öýde ýasalan deňiz duzy pita çipleri

Taýýarlyk wagty: 2 minut.

Nahar bişirmegiň wagty: 8 minut

Hyzmatlar: 2

Kynçylyk derejesi: aňsat

Goşundylar:

- 2 bugdaý çukury
- 1 nahar çemçesi zeýtun ýagy
- As çaý çemçesi köşer duzy

Atlar

Guradyjyny 360 ° F çenli gyzdyryň. Her pitany 8 bölege bölüň. Orta gaba, dilimler örtülýänçä we zeýtun ýagy we duz deň paýlanýança pita dilimlerini, zeýtun ýagyny we duzy zyňyň.

Pita dilimlerini howa guradyjy sebetde hatda bir gatlakda tertiplän we 6-8 minut bişirmeli.

Tagamy üçin goşmaça duz bilen möwsüm. Aloneeke ýa-da halaýan sousuňyz bilen hyzmat ediň.

Iýmitlenme (100 gram üçin): 230 kaloriýa 8 g ýag 11 g karb 6 g belok 810 mg natriý

Bişen Spanakopita Dip

Taýýarlyk wagty: 10 minut.

Nahar bişirmegiň wagty: 15 minut

Hyzmatlar: 2

Kynçylyk derejesi: orta

Goşundylar:

- bişirmek üçin zeýtun ýagy spreýi
- 3 nahar çemçesi zeýtun ýagy, bölünýär
- 2 nahar çemçesi inçe dogralan ak sogan
- 2 sany sarymsak, inçe kesilen
- 4 käse täze ysmanak
- 4 unsiýa krem peýniri, ýumşadyldy
- Bölünen 4 unsiýa feta peýnir
- 1 limonyň görnüşi
- ¼ çaý çemçesi ýer hozy
- 1 çaý çemçesi guradylan ukrop
- ½ çaý çemçesi duz
- Hyzmat etmek üçin pita çipleri, käşir taýaklary ýa-da dilimlenen çörek (islege görä)

Atlar:

Guradyjyny 360 ° F çenli gyzdyryň. 6 dýuým pananyň içini bişirmek üçin spreý bilen örtüň.

1 nahar çemçesi zeýtun ýagyny orta otda uly skletde gyzdyryň. Sogan goşup, 1 minut bişirmeli. Sarymsagy goşup, ýene 1 minut garmaly.

Heatylylygy azaldyň we ysmanakda we suwda garmaly. Ysmanak ýumşaýança bişiriň. Gazany otdan çykaryň. Orta tabakda krem peýniri, 2 unsiýa feta we galan zeýtun ýagy, limon zesti, hoz, ukrop we duz birleşdiriň. Birleşýänçä garmaly.

Gök önümleri peýnir bazasyna goşuň we garmaly. Sous garyndysyny taýýarlanan tabaga guýuň we galan 2 unsiýa feta peýniri bilen üstüne guýuň.

Sousy howa guradyjy sebetde goýuň we 10 minut bişirmeli ýa-da gyzdyrylýança we köpüräk bolýança bişirmeli. Pita çipleri, käşir ýa-da dilimlenen çörek bilen hyzmat ediň.

Iýmitlenme (100 gram üçin): 550 kaloriýa 52 g ýag 21 g karb 14 g belok 723 mg natriý

Bişen merjen sogan

Taýýarlyk wagty: 5 minut.

Nahar bişirmegiň wagty: Sowatmak üçin 12 minut goşmaça 1 sagat

Hyzmatlar: 4

Kynçylyk derejesi: orta

Goşundylar:

- 2 stakan gabykly merjen sogan
- 3 sany sarymsak
- 3 nahar çemçesi zeýtun ýagy, bölünýär
- ½ çaý çemçesi duz
- 1 käse ýagsyz tebigy grek gatyk
- 1 nahar çemçesi limon suwy
- ¼ çaý çemçesi gara burç
- 1/8 çaý çemçesi gyzyl burç çemçe
- Hyzmat etmek üçin pita çipleri, gök önümler ýa-da tost (islege görä)

Atlar:

Peçini 360 ° F çenli gyzdyryň. Uly tabakda, merjen sogan we sarymsagy 2 nahar çemçesi zeýtun ýagy bilen, sogan gowy örtülýänçä zyňyň.

Sarymsak we sogan garyndysyny howa guradyjy sebete guýuň we 12 minut gowurmaly. Sarymsagy we sogany iýmit prosessoryna goýuň. Sogan sogan kesilýänçä gök önümleri birnäçe gezek aýlaň, ýöne henizem bölekler bar.

Sarymsak we sogan, galan bir nahar çemçesi zeýtun ýagyny, şeýle hem duz, gatyk, limon suwy, gara burç we gyzyl burç çemçe goşuň. Pita çipleri, gök önümler ýa-da tostlar bilen hyzmat etmezden 1 sagat sowadyň.

Iýmitlenme (100 gram üçin): 150 kaloriýa 10 g ýag 6 g karb 7 g belok 693 mg natriý

gyzyl burç tapenadasy

Taýýarlyk wagty: 5 minut.

Nahar bişirmegiň wagty: 5 minut

Hyzmatlar: 4

Kynçylyk derejesi: orta

Goşundylar:

- 1 sany uly gyzyl jaň burç
- 2 nahar çemçesi we 1 çaý çemçesi zeýtun ýagy
- ½ käse Kalamata zeýtun, dogralan we dogralan
- 1 sany sogan sarymsak
- As çaý çemçesi guradylan oregano
- 1 nahar çemçesi limon suwy

Atlar:

Peçini 380 ° F çenli gyzdyryň. Tutuş gyzyl jaň burçunyň daşyny 1 çaý çemçesi zeýtun ýagy bilen ýuwuň we howa guradyjy sebetde goýuň. 5 minut gril. Bu aralykda, orta tabakda galan 2 nahar çemçesi zeýtun ýagyny zeýtun, sarymsak, oregano we limon suwy bilen garmaly.

Gyzyl jaň burçuny peçden çykaryň, soňra baldaklary seresaplyk bilen kesiň we tohumlary aýyryň. Bişen jaň burçuny ownuk böleklere bölüň.

Zeýtun garyndysyna gyzyl jaň burçuny goşuň we birleşýänçä zyňyň. Pita çipleri, krakerler ýa-da gaty çörek bilen hyzmat ediň.

Iýmitlenme (100 gram üçin): 104 kaloriýa 10 g ýag 9 g uglewodlar 1 g belok 644 mg natriý

Zeýtun we feta peýnir bilen grek kartoşkasynyň gaby

Taýýarlyk wagty: 5 minut.
Nahar bişirmegiň wagty: 45 minut
Hyzmatlar: 4
Kynçylyk derejesi: Kyn

Goşundylar:

- 2 pasly kartoşka
- 3 nahar çemçesi zeýtun ýagy
- 1 çaý çemçesi köşer duzy, bölünýär
- ¼ çaý çemçesi gara burç
- 2 nahar çemçesi täze koriander
- ¼ käse Kalamata zeýtun, kesilen
- ¼ käse feta peýnir
- bezemek üçin dogralan täze petruşka (islege görä)

Atlar:

Peçini 380 ° F çenli gyzdyryň. Kartoşkada wilka bilen 2-3 deşik atyň, soňra ½ nahar çemçesi zeýtun ýagy we as çaý çemçesi duz bilen çotuň.

Kartoşkany howa guradyjy sebete salyň we 30 minut bişirmeli. Kartoşkany ojakdan çykaryň we ýarym kesiň. Bir çemçe ulanyp, kartoşkanyň etini gyryň, deride ½ dýuým kartoşka gatlagyny goýuň we bir gapdalda goýuň.

Orta gaba, galan 2 nahar çemçesi zeýtun ýagy, as çaý çemçesi duz, gara burç we silantro bilen kartoşkanyň ýarysyny zyňyň. Gowy garmaly. Kartoşkany doldurmagy eýýäm boş kartoşka derilerine bölüň we olaryň üstünde deň derejede ýaýlaň. Her kartoşkanyň üstüne bir nahar çemçesi zeýtun we feta peýniri goşuň.

Doldurylan kartoşka derilerini ojaga gaýtaryň we 15 minut bişirmeli. Isleseňiz, goşmaça dogralan silantro ýa-da petruşka we bir damja zeýtun ýagy bilen hyzmat ediň.

Iýmitlenme (100 gram üçin): 270 kaloriýa 13 g ýag 34 g karb 5 g belok 672 mg natriý

Artokok we zeýtun pita tekiz çörek

Taýýarlyk wagty: 5 minut.

Nahar bişirmegiň wagty: 10 minut

Hyzmatlar: 4

Kynçylyk derejesi: aňsat

Goşundylar:

- 2 bugdaý çukury
- 2 nahar çemçesi zeýtun ýagy, bölünýär
- 2 sany sarymsak, ençe kesilen
- ¼ çaý çemçesi duz
- ½ käse konserwirlenen artokok ýürekleri, dilimlenen
- ¼ käse Kalamata zeýtun
- ¼ käse grated Parmesan peýniri
- ¼ käse feta peýnir
- bezemek üçin dogralan täze petruşka (islege görä)

Atlar:

Peçini 380 ° F çenli gyzdyryň. Her pita 1 nahar çemçesi zeýtun ýagy bilen ýuwuň, soňra ownuk sarymsak we duz sepiň.

Artokok ýüreklerini, zeýtun we peýniri iki pitanyň arasynda deň bölüň we ikisini hem howa peçinde 10 minut bişirmeli. Hyzmat etmezden ozal pitany aýyryň we 4 bölege bölüň. Isleseňiz, petruşkany sepiň.

Iýmitlenme (100 gram üçin): 243 kaloriýa 15 g ýag 10 g karb 7 g belok 644 mg natriý

www.ingramcontent.com/pod-product-compliance
Lightning Source LLC
Chambersburg PA
CBHW071432080526
44587CB00014B/1805